FACULTÉ DE DROIT DE TOULOUSE

ÉTUDE HISTORIQUE

SUR LA

CONDITION LÉGALE DE LA FEMME DANS LE MARIAGE

THÈSE POUR LE DOCTORAT

PRÉSENTÉE

Par M. Pierre BESSET

Avocat à la Cour d'appel de Toulouse

ALBI

IMPRIMERIE G.-M. NOUGUIÈS

1880

FACULTÉ DE DROIT DE TOULOUSE

ÉTUDE HISTORIQUE

SUR LA

CONDITION LÉGALE DE LA FEMME DANS LE MARIAGE

THÈSE POUR LE DOCTORAT

PRÉSENTÉE

Par M. Pierre BESSET

Avocat à la Cour d'appel de Toulouse

ALBI

IMPRIMERIE G.-M. NOUGUIÈS

—

1880

FACULTÉ DE DROIT DE TOULOUSE

MM. BONFILS, Doyen.

DUFOUR ✳, Doyen honoraire, professeur de Droit Commercial.

MOLINIER ✳, professeur de Droit Criminel.

BRESSOLLES ✳, professeur de Droit Civil.

MASSOL ✳, professeur de Droit Romain.

GINOULHIAC, professeur de Droit Français, étudié dans ses origines féodales et coutumières.

HUC, professeur de Droit Civil.

POUBELLE, professeur de Droit Civil, en congé.

ROZY, professeur de Droit Administratif.

BONFILS, professeur de Procédure Civile.

ARNAULT, professeur d'Economie Politique.

DELOUME, professeur de Droit Romain.

HUMBERT ✳, professeur honoraire, Procureur-Général près la Cour des Comptes.

LAURENS, agrégé, chargé du cours de Droit des gens.

PAGET, agrégé, chargé du cours de Droit Romain.

CAMPISTRON, agrégé, chargé du cours de Droit Civil.

BRESSOLLES (Joseph), agrégé.

VIDAL, agrégé.

WALLON, agrégé.

Président de la Thèse : M. ROZY.

Suffragants : { MM. GINOULHIAC.
HUC.
LAURENS.
PAGET.

La Faculté n'entend ni approuver ni désapprouver les opinions particulières du candidat.

A LA MÉMOIRE DE MON PÈRE

À MA MÈRE

ÉTUDE HISTORIQUE

CONDITION LÉGALE DE LA FEMME DANS LE MARIAGE

INTRODUCTION

Etudier la condition civile de la femme au double point de vue de sa personne et de ses biens, c'est déterminer la mesure de sa capacité juridique, rechercher le rôle qu'elle joue dans la famille et, par là, c'est toucher à l'organisation même de la société, car la famille est le type de l'Etat et le fondement de toute civilisation. Cette grande vérité nous la verrons, toujours et partout, recevoir un éclatant hommage.

Interrogeons l'histoire du droit et tâchons d'en apprécier quelques périodes.

Peut-être même avant que la propriété individuelle ne fût fondée, mais bien sûr à partir de ce moment, la famille se constitue. Quel rôle y joue la femme?

Le chef de famille la met en son pouvoir, la confond avec les valeurs du patrimoine, se déclare son protecteur et étend sur elle et sa progéniture cette autorité absolue qu'il a prise, par droit de conquête, sur toutes les choses qui l'environnent; le chef de famille est roi, il a la *manus* et la *patria potestas*. Quant à l'épouse, elle est un objet passif au sein de la famille; devant la puissance maritale, sa personnalité disparaît. Incapable de se protéger elle-même, son premier devoir est la soumission, l'obéissance; faible et sans autorité pendant la vie, elle est indigne d'offrir aux mânes des sacrifices, et comme la mort ne saurait la rendre plus forte ni par conséquent lui donner la vertu d'entendre efficacement les prières de ceux qu'elle aimait, ses parents ne lui doivent aucun culte. Enfin, elle n'a aucun droit de propriété sur ces terres qu'elle n'a point conquises, qu'elle ne pourrait défendre et les biens restent en déshérence tant qu'un mâle ne les soutient pas. La seule destinée de la femme c'est d'être mère; à ce titre, l'homme lui reconnaît un certain prix. Or, tout objet utile étant vénal et transmissible par succession, le mariage pouvait-il être autre chose qu'une vente? et dès lors, proclamerons-nous l'égalité des droits et la réciprocité des devoirs entre époux? assurément non. Aussi la femme était-elle asservie, et le mari s'il était riche, pouvait-il en acheter plusieurs. Une seule, cependant, était l'épouse et régnait en quelque sorte sur les autres femmes, chargées seulement de donner des enfants au maître. Hâtons-nous d'ajouter qu'au milieu de ces sociétés primitives, la polygamie n'exerçait point d'influence délétère : la

saihteté de la famille patriarcale trouvait une sauve-
garde dans la pureté des mœurs, et la femme, loin d'être
en réalité victime d'un rude esclavage, vivait peut-être,
grâce à l'affection respectueuse et dévouée de ses proches, libre et honorée au sein du foyer domestique.

Telle est, au début de l'humanité, l'organisation
de la famille ; on la voit se fonder sous l'autorité
absolue d'un chef, juge, roi, pontife, dont les pouvoirs
incontestés, apanage de sa force, s'harmonisent avec la
puissance de la tendresse et de la douceur d'une femme. Que la richesse, les plaisirs, l'oisiveté viennent
corrompre ces peuples, que le vent des passions se
déchaîne sur eux, et aussitôt la femme, victime de
cette contagion, réclamera avidement sa part de jouissances ; puis, au milieu de tous les excès, égarant ses
seules armes, la pudeur et la vertu, incapable alors
d'arrêter les hommes sur le gouffre de la décadence,
elle les y précipitera avec toute la fureur d'une vengeance.

Arrivés aux temps historiques, nous pouvons entrer
maintenant dans le domaine du droit et jeter un regard
sur les premières législations que nous offre l'antiquité ;
leur berceau, nous le trouvons, comme celui de l'humanité elle-même, au sein de l'Orient.

§ 1er. — *Lois de Manou*. — Dans les vastes contrées
de l'Asie, la grande famille humaine faisant un pas
dans la civilisation, s'organise sous un régime, que les
peuples, dans leur enfance, ont tous adopté, celui de
la monarchie absolue. Si ce régime est le développe-

ment du principe constitutif de la famille patriarcale, où l'on retrouve la notion primordiale de l'Etat, il n'en est pas moins une transformation. Ainsi, le monarque s'arroge tous les droits d'un chef de famille; il est juge, pontife et législateur. La famille dépouillée de ses honneurs perd son indépendance et la femme qui paraît affranchie, ne fait, en réalité, que passer sous la main d'un nouveau maître. Elle devient, en outre, la victime de la religion. Chez tous les peuples primitifs et ignorants, la religion est, en effet, un des plus puissants moyens de gouvernement; par ses origines superstitueuses, ses dogmes révélés et immuables, elle s'empare des esprits, les fanatise et leur fait accepter une servitude que la raison, domptée par la foi, est incapable de secouer.

Comme il faut des sujets au monarque, des serviteurs à la religion, le mariage est obligatoire; le père ne peut donc plus vendre sa fille, et celle-ci a le droit de recevoir des présents de son époux, de les garder à titre de pécule (1), gage d'indépendance d'autant plus insuffisant que le mari absorbait la personnalité de sa femme, que celle-ci n'avait hors de lui aucune existence : « une jeune fille, une jeune femme, une femme avancée en âge ne doivent jamais rien faire suivant leur propre volonté, même dans la maison » dit Manou (2). La procréation des enfants étant le but du mariage, la loi impose

(1) Lois de Manou. III. 55. IX.
(2) Lois de Manou. V. 147.

au mari le devoir de fidélité et lui ordonne l'accomplissement de l'acte conjugal avec des détails trop
intimes pour qu'il nous soit possible de les citer;
puis, en arrive à ordonner l'adultère ! « Lorsqu'on n'a
pas d'enfants, la progéniture que l'on désire peut
être obtenue par l'union de l'épouse convenablement
autorisée avec un frère ou un autre parent (1). » Il est
vrai que c'est là une ressource offerte au mari qui
ne veut point divorcer.

Veut-on connaître la cause de l'incapacité générale de la femme? C'est qu'il existe des relations
nécessaires et des influences réciproques entre les lois
et les doctrines d'un peuple. Considérée comme un
être moralement imparfait, d'une nature inférieure,
fatalement la femme, en Orient, devait subir dans sa
condition civile le contre-coup de ces idées sociales.

Les lois de Manou reconnaissaient à la femme une
âme, mais une âme dégradée, corrompue, affligée des
plus honteuses passions, une âme incapable d'aimer.
En voici la preuve : « Manou a donné en partage aux
femmes l'amour de leur lit, de leur siége et de la parure,
la concupiscence, la colère, les mauvais penchants, le
désir de faire du mal et la perversité. — A cause de
leur passion pour les hommes, de l'inconstance de
leur humeur et du manque d'affection qui leur est
naturel, on a beau ici-bas les garder avec vigilance,
elles sont infidèles à leurs époux. (2) » Un tel juge-

(1) Lois de Manou. IX. 59.
(2) Manou. IX. 15.

ment n'imprime-t-il pas à la femme un cachet d'indignité? Aussi la religion, — qui, en présidant aux rapports des membres de la famille, établissait entre eux un lien de solidarité que la mort loin de briser, resserrait de plus fort, — lui déniait-elle le droit de remplir le pieux office du culte. Inutile tendresse que la sienne! et, le mépris retombant sur tout le sexe, qui n'avait que des filles n'avait point d'enfants : « La femme stérile, dit Manou, peut être répudiée la huitième année, celle dont tous les enfants sont des filles, la onzième (1) ».

Assimilée à l'esclave et à l'enfant, la femme ne pouvait prêter serment, ni être propriétaire et, durant toute la vie, restait en tutelle : « une femme est sous la garde de son père, pendant son enfance, sous la garde de son mari, pendant sa jeunesse, sous la garde de ses enfants, dans sa vieillesse ; elle ne doit jamais se conduire à sa fantaisie. (2) » En conséquence, la femme n'était guère autre chose qu'un instrument de plaisir et de reproduction. Et maintenant, est-il étonnant de voir, dans un pays où la dignité humaine était inconnue, et le sentiment de la liberté étouffé sous les étreintes du despotisme, régner comme actuellement en Turquie où l'on croit que la femme n'a point d'âme, le plus odieux fléau, la polygamie, qui lui-même en engendre un autre plus funeste encore, la polyandrie, dont le Thibet

(1) Manou. IX. 81.
(2) Manou. IX. 3.

nous offre de nos jours même un exemple (1).

Cependant les lois de Manou ont quelques gracieuses paroles à l'adresse des femmes, quelquefois de délicats sentiments : « Dans toute famille, disent-elles, où le mari se plaît avec la femme et la femme avec son mari, le bonheur est assuré pour jamais. — L'époux et l'épouse ne font qu'une même personne; la femme ne peut être séparée de son époux ni par la vente ni par l'abandon (2). » Comment expliquer ce langage, le concilier avec la théorie générale et certaines grossièretés d'expression? c'est que la théologie védantine, consacrant une espèce de polythéisme personnificateur des forces de la nature et des phénomènes célestes, divinisait la femme absolument comme tous les êtres, sans la distinguer pour cela des plus viles créatures. Il est vrai aussi que Manou a essayé de faire quelque chose en faveur de la femme, mais, vu l'état des institutions et des mœurs, ses intentions devaient rester à peu près stériles.

§ II. — *Loi Juive.* — La loi des Juifs, dont le caractère diffère essentiellement de la loi indienne, en subit néanmoins les influences à tel point qu'en Palestine, nous retrouvons la femme inférieure à l'homme sous l'empreinte indélébile de la tache originelle. « J'ai reconnu, dit l'Ecclésiaste, que la femme est plus amère

(1) Sur la côte de Malabar une femme peut avoir jusqu'à douze maris en même temps.

(2) Manou. IX. 45-50.

que la mort, qu'elle est le filet des chasseurs, que son cœur est un rets, que ses mains sont une chaîne. Celui qui est agréable à Dieu se sauvera d'elle. Entre mille hommes, j'en ai trouvé un, mais de toutes les femmes, je n'en ai pas trouvé une seule (1). » Le pieux Salomon parle, sans doute, le langage de l'expérience ; mais, pourquoi n'a-t-il pas compris que la femme, dans sa faiblesse, n'avait d'autre moyen d'échapper à la tyrannie que la ruse et la fourberie ? Cette dégradation morale entraîne l'infériorité civile de la femme ; celle-ci ne peut être propriétaire, elle est incapable de s'obliger et de prêter serment. Sa principale destinée, c'est toujours d'être mère, car la loi dit : « croissez et multipliez-vous. » Dans ce but, quand le mari meurt sans enfants, son frère est obligé d'épouser la veuve, s'il désire conserver ses droits d'héritier ; la loi juive permet le lévirat, mais condamne l'inceste et l'adultère ; elle tolère cependant la polygamie en ce sens qu'elle permet à un homme de posséder plusieurs épouses. Mais la législation des Israélites se distingue essentiellement de celle des Indous et la surpasse de beaucoup. Elle contient, il est vrai, de grossières imperfections, mais pensons que Moïse, dont le génie entrevoyait de sublimes vérités qu'il proclamait vaguement, devait aussi pour faire accepter sa loi, tenant compte du temps et des mœurs, la mettre à la portée de son peuple. Quoiqu'il en soit, le caractère spiritualiste de la loi hébraïque exerça la meilleure

(1) Qui fut vraiment sage (note du texte 4.) Eccl. VII: 27, 29.

influence sur la civilisation. Examinons-en les bien-
faits : D'abord, Moïse affirme l'existence d'un Dieu
unique, le Roi des Rois, et, en son nom, dicte à l'homme ses devoirs. « Tu aimeras le Seigneur ton Dieu ,
de tout ton esprit, de toute ton âme, de toutes tes
forces. » Tel est le premier précepte qui, élevant le
cœur de l'homme au-dessus des passions matérielles,
prépare l'avènement de la grande révolution sociale
du christianisme. A la faveur de cette doctrine, la condition de la femme s'améliore ; ainsi, le père ne peut
plus vendre sa fille ni la tuer. Son devoir est de la
marier, et Moïse fait de l'affection mutuelle des époux
le fondement du mariage : « Vous aimerez, dit-il,
la femme de votre jeunesse. » La loi s'adoucit et
témoigne même certains égards à l'esclave : « Si un
homme ayant pour concubine une esclave juive épouse
une autre femme, il ne retranchera rien de la nourri-
ture de l'esclave, ni des devoirs conjugaux qui lui
sont dûs (1) ». Enfin la femme jouit d'une certaine indépendance ; la mère conserve l'autorité sur ses enfants
et la veuve est capable de s'obliger valablement sans
le secours d'aucune autorisation.

§ III. — *Loi Grecque*. — Les migrations qui de l'Asie
vinrent peupler notre continent communiquèrent aux
lois de l'Europe le caractère des lois orientales. Primitivement, la famille religieuse et patriarcale cons-
titua le premier état social de la Grèce. Les récits

(1) Exode XVI. 10. 11.

d'Homère, en nous retraçant dans de gracieuses
peintures les mœurs des temps héroïques, nous
laissent l'idée que l'égalité morale existait entre
l'homme et la femme. Qui ne se souvient de la
fidèle tendresse d'Ulysse et de Pénélope ? qui n'a
point admiré les touchants adieux d'Hector et d'An-
dromaque, où nous voyons la femme partager avec
son mari les devoirs et les responsabilités de la vie ?
Cette égalité sociale que la femme juive ne connut
certainement jamais, la femme grecque la perdit à
l'époque de la grande civilisation.

Il y eut encore cette analogie entre la Grèce et
l'Orient que les familles, d'abord groupées en phra-
tries, furent ensuite absorbées par l'Etat, avec cette
différence, toutefois, que le peuple entier animé du
sentiment de la liberté, doué de l'instinct de ses
droits, idéaliste par nature, ne voulut point supporter la tyrannie d'un seul homme et préféra exercer
lui-même la souveraineté.

Les lois de Sparte n'eurent qu'un seul objet : la
prospérité de l'Etat, basée sur l'austérité des mœurs
et la force musculaire des citoyens. Lycurgue s'occupa donc, premièrement, des mariages et de la génération des enfants. Pour rendre plus facile les accou-
chements et plus robustes les nouveaux-nés, il
ordonna aux jeunes filles de se fortifier le corps et
de l'assouplir en s'exerçant à lutter entre elles, nues
dans l'arène, en présence des jouvenceaux. On allé-
guait, pour justifier ce singulier mépris de la pudeur,
des raisons non moins étranges que l'usage lui-même

et qu'il ne convient pas de rapporter ici. Tout homme était obligé de se marier : la loi condamnait les célibataires à marcher nus dans la ville, au cœur de l'hiver, en chantant une chanson qui les accusait d'être à bon droit punis. Donner des enfants à la République était un si grand honneur, que le citoyen déjà sur l'âge avait le droit d'emprunter à quelque beau jeune homme sa paternité ; néanmoins, les femmes restaient vertueuses. Plutarque raconte qu'un étranger demandant, un jour, à un vieux spartiate quelle peine on infligeait au coupable d'adultère, obtint cette réponse : « Mon ami, il n'y a point de pareil coupable ; s'il y en avait, il serait condamné à payer un taureau si grand qu'il put boire du haut du mont Taygète dans l'Eurotas. — Et, comment, s'écria l'étranger, trouver un pareil taureau ? — Et, comment, reprit Geradas, en souriant, trouver à Sparte un adultère ? » Enfin Lycurgue, avec le luxe et la richesse prohiba l'usage de la dot « afin que les femmes fussent moins insolentes, leurs maris moins esclaves et moins rampants devant elles à cause de la riche dot qu'elles auraient apportée (1). »

Malheureusement, Lycurgue ne tint pas assez compte du droit individuel et des intérêts privés : à ses yeux, l'Etat personnifiait tous les citoyens. Pour développer sa puissance au dedans comme au dehors, il ne craignit pas de lui sacrifier la famille de la manière la plus complète. Dès leur naissance, on préci-

(1) Platon. Des lois. — Trad. de M. Cousin, t. 7. p. 354.

pitait dans un gouffre les enfants malades ou chétifs, car ils appartenaient moins aux parents qu'à la République. Quant aux femmes, une éducation militaire les destinait à se mêler avec les hommes aux passions et aux querelles politiques. Arrachées du foyer domestique, elles rivalisaient de grandeur d'âme avec leurs époux, et l'amour de la patrie étouffait en elles le sentiment de la maternité. Une de ces femmes magnanimes apprenant la mort de son fils, tué sur le champ de bataille, répondit froidement : « Qu'on l'enterre et que son frère prenne sa place. » Ce farouche patriotisme n'est-il point de la férocité? Les institutions qui combattent les sentiments naturels ou les pervertissent, portent en elles la raison de leur décadence ; l'organisation artificielle de Sparte ne tarda pas longtemps à essuyer l'épreuve de cette vérité.

Le lien qui unissait les institutions civiles aux institutions politiques fut moins rigoureux à Athènes qu'à Sparte. Solon, chargé de substituer aux lois barbares de Dracon une législation plus humaine, laissa une certaine autonomie à la famille. Il abrogea la loi qui autorisait le citoyen à vendre son fils, sa fille ou sa sœur restée sa pupille, protégea les faibles et releva la dignité du mariage en proclamant la réciprocité des devoirs entre époux, en inspirant aux femmes le culte de la pudeur. Il leur défendit de traverser, le soir, la ville autrement que sur un char et précédées d'un flambeau; il régla leur deuil, leurs sacrifices et prononça une amende de cent drachmes contre celles qui ne seraient pas décemment vêtues (1). Qu'il y a loin de ces préceptes à ceux de Lycurgue! Enfin, de peur que le mariage ne devint une spéculation, Solon voulut que la fiancée n'apportât que trois robes à son mari et quelques meubles de peu de valeur.

La femme n'avait pas le droit de recevoir un homme en l'absence de son mari; on exigeait d'elle la plus scrupuleuse fidélité. L'épouse adultère était immédiatement répudiée, sauf dans le seul cas légitime que nous allons mentionner. D'un autre côté, le législateur ordonnait au mari de remplir exactement ses devoirs conjugaux envers sa femme et donnait à celle-ci le droit de se plaindre en justice d'un abandon qui aurait duré plus d'un mois (2). Cette extrême prévoyance de la loi nous le montre bien, la raison politique pénétrait et dominait toutes les institutions civiles. La République avait besoin de soldats et la famille de successeurs; le mariage fut obligatoire, avec cette précision que la jeune fille orpheline héritant, à défaut de frères, de l'entier patrimoine de ses ascendants, devait se marier avec son plus proche parent. Cette iniquité est sans doute ins-

---

(1) Plutarque : Vie de Solon.

(2) Quant à l'infidélité, de quelque part qu'elle vienne, à quelque degré qu'elle soit poussée, il faut en faire un objet de déshonneur tant qu'on est époux de fait ou de nom ; et, si la faute est constatée durant le temps fixé pour la fécondité, qu'elle soit punie d'une peine infamante avec toute la sévérité qu'elle mérite. Aristote. *Politiq*. liv. IV. ch. 14. trad. M. Barthélemy Saint-Hilaire.

pirée par le principe aristocratique en vertu duquel
il faut accumuler et conserver dans une seule main,
les biens qui soutiennent le rang et l'influence de la
famille. Le même principe, dont on retrouve à Rome
l'application, nous donne peut-être aussi la raison de
cette singulière liberté légale qu'avait la jeune fille
qui aurait épousé un vieillard, de se choisir un amant
parmi les parents de son mari, afin d'en avoir un
héritier (1).

Pendant le mariage, le mari était tuteur légal de
sa femme, propriétaire et administrateur de la dot
qui, malgré les prescriptions de Solon, paraît n'avoir
jamais cessé d'exister en Grèce. Par elle, on distinguait l'épouse de la concubine. Le mari jouissait de
la dot à charge d'entretenir sa femme et ses enfants ;
il en assurait la restitution au moyen d'une hypothèque générale et privilégiée sur tous ses biens.

A la dissolution du mariage, des aliments étaient
dûs à la femme qui vivait avec ses enfants dans la
maison conjugale : dans le cas contraire, la dot, en
lui faisant retour, favorisait son convol à de secondes
noces. Mais le mari, s'il y avait eu divorce, pouvait
lui assigner un nouvel époux : s'il n'usait point de
ce droit, elle était libre de rester sous l'autorité paternelle ou de retomber, en se remariant, sous la puissance maritale. Jamais elle n'échappait au joug de la
tutelle.

Le père, le mari, l'héritier, à leur défaut, le prince

(1) Plutarque. — Vie de Solon.

avaient, en effet, pour mission de représenter la femme dans les divers actes juridiques, de sauvegarder ses intérêts. Mais, loin d'entendre faire de la tutelle un moyen d'asservissement, la loi plaçait sous le coup d'une accusation publique ceux qui ne remplissaient point fidèlement leurs devoirs tutélaires.

Toutes ces mesures de protection n'étaient que trop justifiées par l'état de faiblesse dans lequel languissaient les femmes. Sans doute, l'usage de la dot, le principe de la monogamie leur étaient favorables, en protégeant l'institution même du mariage, mais, dans le mariage, elles ne trouvaient ni l'égalité ni la dignité vraies. Car, il faut bien l'avouer, en face de l'organisation sociale d'Athènes, l'esprit libéral du législateur était impuissant.

Dans un pays où l'État, pour accroître sa prospérité, compromet les intérêts domestiques en se faisant le centre vers lequel doivent converger toutes les aspirations et tous les dévouements, dans un pays où les affaires publiques passionnent si fort les hommes, quel rôle pouvait jouer la femme tandis que les citoyens se mêlaient perpétuellement aux agitations de l'agora? Pas d'autre que celui de contribuer à la fortune nationale par le fruit de sa maternité. Exclues de la vie publique, privées des jouissances de la famille, cloîtrées dans le gynécée où elles remplissaient à peu près les fonctions d'intendantes, les femmes vivaient à l'écart, dans un tel état d'ignorance, qu'Aristote a beau jeu de soutenir qu'elles le cèdent à l'homme en intelligence et en moralité (1). Auprès d'elles qu'on délaissait dans une perpétuelle réclusion intellectuelle et morale, leurs époux s'ennuient. De là, cet engouement des hommes pour les courtisanes dont l'esprit et la beauté fascinent les Socrate, les Platon, les Aristote ! Musique, poésie, éloquence, philosophie, à elles seules tous les arts, toutes les sciences. On vit bien une Aspasie; on ne compta bientôt plus les Laïs et les Phryné ! à mesure que grandissait leur funeste et délétère influence, le flot de la corruption montait toujours, et dans le naufrage de la famille les forces de l'Etat ne tardèrent pas à s'anéantir, de même que l'invincible Rome succombera quand, au lieu de Lucrèces, elle n'aura plus que des Messalines.

La condition de la femme, telle qu'elle nous apparaît dans les premiers monuments de l'antiquité, se résume donc en un mot : dépendance absolue. Considérée comme un être relatif, inférieur à l'homme, créé pour lui, vaincu par lui, la femme est, ici, un simple objet de luxe ou de sensualité, là, un instrument indispensable de reproduction, et partout enfin on la traite

---

(1) « L'homme, sauf les exceptions contre nature, est appelé à commander plutôt que la femme, de même que l'être le plus âgé est appelé à commander à l'être incomplet et plus jeune. » — Et plus loin : « L'esclave est absolument privé de volonté ; la femme en a une mais *en sous-ordre;* l'enfant n'en a qu'une incomplète. Il en est nécessairement de même des vertus morales..... Reconnaissons donc que tous les individus dont nous venons de parler ont leur part de vertu morale, mais que la sagesse de l'homme n'est pas celle de la femme..... et que la force de l'un est *toute de commandement,* celle de l'autre *toute de soumission.* » Aristote, liv. I. ch. V.

en esclave : père, mari, tuteur disposent d'elle comme de leur chose.

Il nous a paru d'autant plus nécesssaire, pour éclairer notre sujet et en suivre le développement, d'esquisser, en quelques traits, la condition de la femme dans les temps les plus reculés, que nous aurons l'occasion de voir, à travers les siècles, l'esprit de ces vieilles doctrines, passé à l'état de préjugé, animer de son égoïsme diverses institutions, résister aux idées modernes ou se combiner avec elles, puis tendre à disparaître, peu à peu, à mesure que les principes d'égalité et de liberté germent et grandissent dans la conscience humaine et qu'à l'empire de la force la Raison substitue la puissance du Droit.

DROIT ROMAIN

LIVRE Ier

De la condition de la Femme chez les Romains

CHAPITRE Ier

La Femme pendant la première période romaine

SECTION I. — *De la famille*.

A Rome, comme dans l'Inde et en Grèce, la famille antique était moins une association naturelle qu'une agrégation politique et religieuse dont le nom devait se perpétuer avec le culte par la génération, autrement dit, par le mariage obligatoire.

Ce qui unissait tous ses membres et constituait entre eux ce lien de solidarité que la mort ne brisait pas, c'est quelque chose de plus impérieux que la force du sang, de plus séduisant que la voix du cœur, c'est la religion du foyer. Dans l'âme d'un époux, d'un père, l'amour conjugal, l'affection paternelle pouvaient bien exister, mais de ces sentiments le droit romain ne tient nul compte. Théocratique elle-même, la loi,

entourée de symboles et de mystères, résidait entre
les mains des pontifes, de même que la toute-puissance domestique, la *potestas,* incombait au père de
famille. Celui-ci était le chef des *sacra privata*, l'administrateur unique du patrimoine, le maître absolu
de sa femme et de ses enfants. Biens, esclaves, personnes, tout cela est à lui, comme le butin est
la chose de celui qui s'en est emparé. Lui seul,
le *paterfamilias* est libre, indépendant; il est *sui
juris*, c'est-à-dire qu'il ne relève, dans la famille,
d'aucun de ceux qui l'entourent; aussi le père avait-
il sur ses enfants droit de vie et de mort (1) le
droit de les vendre, de les revendiquer (2) d'en
faire l'abandon noxal.

Incapable d'avoir un patrimoine, le fils de famille
acquérait pour le compte de son père. Mais, à la différence de l'esclave, il avait une personnalité propre
et pouvait librement exercer tous les droits qui n'é-
taient point de nature à compromettre les intérêts
domestiques; il s'obligeait valablement. Si l'on n'oppose pas simplement le père à l'enfant, mais le père
de famille au fils de famille, c'est pour établir, par
cette distinction subsidiaire, la situation juridique et
respective de chacun d'eux, et moins afin de dépouiller

---

(1) Salluste cite l'exemple de Pulvius, fils d'un sénateur, que
son père fit mettre à mort parce qu'il avait participé à la conjuration de Catilina; Valère-Maxime cite celui d'Atilius Philiscus
qui tua sa fille coupable d'impudicité.

(2) f. 1 § 2 de rei vind. VI. I.

l'enfant que pour confier au père le libre exercice des droits communs. (1).

Unité de religion, unité de patrimoine, unité de discipline : tel est le triple caractère de la famille romaine, dont le fondement repose essentiellement sur une pure création de droit civil, la puissance.

La puissance paternelle s'étendait sur tous les descendants légitimes, légitimés ou adoptifs, actuellement unis par l'agnation (2). Un père, *suisjuris*, avait par exemple, deux enfants, un fils et une fille : sous sa puissance, naissaient encore tous les descendants de son fils; ceux, au contraire, de sa fille, simples cognats de l'aïeul maternel, n'appartenaient point à la famille de ce dernier, ils tombaient sous l'autorité de leur père. A plus forte raison (la puissance étant d'ailleurs réservée aux hommes), ne pouvaient-ils jamais se trouver sous l'autorité maternelle. Ce qui fait dire à Ulpien qu'une femme, maîtresse d'elle-même, est toujours seule de sa famille, *familiæ suæ et caput et finis*. Aucun lien civil ne reliait donc l'enfant à sa mère ni à ses parents maternels. De cette distinction entre la famille civile et la famille naturelle résultent de graves conséquences : tandis que la loi rattachait à l'agnation les droits notamment

(1) V. Du Caurroy, Inst. de Just... n° 106. — et Paul f. 11. de lib. et post.

(2) On appelait agnats les frères, les sœurs et tous les descendants par les mâles qui, chez nous, porteraient le même nom patronymique; cognats, tous les parents qui avaient, par les femmes, un auteur commun.

de tutelle et de succession, les agnats s'en voyaient iniquement privés par le seul fait de leur qualité.

La famille ainsi organisée, on ne se préoccupait point des droits de la femme. La fille de famille était complètement incapable de s'obliger, et cela plutôt à raison de son sexe que de sa condition de personne *alieni juris*; car, hors de puissance, et à tout âge, les femmes tombaient sous la tutelle de leurs agnats. Aussi n'avaient-elles jamais le droit de tester, ni de rien léguer, ni d'aliéner aucune *res mancipi*, c'est-à-dire, aucun des biens les plus précieux à cette époque, sans l'autorisation du tuteur : libre à elles seulement de disposer des objets de médiocre valeur, des *res nec mancipi*. On a créé la tutelle perpétuelle des femmes, dit Ulpien, à cause de la légèreté de leur esprit et de leur ignorance des affaires. Raisons plus spécieuses que vraies (1), car, ce n'est pas en ravissant à une personne l'exercice de ses droits qu'on la protége, pas plus qu'en la soumettant à une tutelle dont le bénéfice revient à ceux-là seuls qui la gèrent. Donner pour tuteurs à la femme ses héritiers présomptifs, n'était-ce pas, en effet, subordonner ses intérêts à ceux de ses agnats, les sacrifier même à leur cupidité? Mais les anciens se défiaient de la femme, ils voyaient en elle un être inférieur; lui laisser la libre administration de ses biens, le droit de tester, de contracter, d'acquérir, d'aliéner sans contrôle, n'aurait-ce pas été lui permettre d'exercer, au dehors,

---

(1) Ulp. ch. XI. § I de tut. — mais v. Gaïus C. I. § 190.

une influence sociale ? avec le secours de la tutelle, on conserva les biens dans la famille agnatique, on rendit la femme impuissante.

De même, c'est un intérêt politique qui sert de base à la puissance paternelle, car il importait aux idées aristocratiques des Romains de conserver, au moyen de la souveraineté d'une seule volonté dans la famille, l'unité politique, nationale et religieuse dans l'Etat.

Si la loi ne fixait pas de bornes à l'autorité du chef de famille, si elle ne s'ingérait pas dans le gouvernement des affaires domestiques, elle voulait cependant que le père, et surtout le mari, ne pussent prononcer sur le sort des enfants ou de la femme, sans avoir, au préalable, convoqué les proches parents de la famille de la personne incriminée (1). La religion, venant elle-même au secours des faibles, maudissait les excès et frappait d'excommunication celui qui avait vendu sa femme ou son fils marié (2). Les mœurs faisaient enfin du patrimoine des époux une chose commune ; « *Nihil conspiciebatur in domo dividuum* ; écrit Columelle, *nihil quod aut maritus aut femina proprium esse juris sui diceret,* » (*de re rust. XII.*) Jamais un mari n'essayait de mettre en pratique la théorie légale de sa propriété illimitée sur les

_____

(1) V Mommsen : Hist. du Dr. Romain. Les agnats appelés au tribunal domestique ne jugeaient pas ; ils donnaient leur avis.

(2) Aux dieux seuls, et non aux hommes, appartenait l'exécution de la sentence d'exécution (Mommsen).

choses dotales (1). L'épouse était respectée au sein
de la famille et les enfants trouvaient dans l'affection
paternelle un contre-poids naturel à la sévérité de
cette discipline, qui forma les plus fiers courages, les
plus mâles vertus, fit la force du peuple et la grandeur de l'Etat.

Section II. — *Du mariage avec manus.*

Parmi les diverses espèces d'union des sexes que
reconnaît la loi romaine, une seule constitue la famille
ex jure Quiritium, et produit les pleins effets de la
puissance paternelle et maritale : c'est le *justum matrimonium*, le mariage célébré entre personnes ayant
entre elles le *connubium*, c'est-à-dire, la capacité
juridique de contracter ensemble les justes noces (2).

Outre les empêchements qui ne permettaient aucune
sorte de mariage, d'autres constituaient seulement un
obstacle aux justes noces. Ainsi, le mariage resta plus
ou moins longtemps défendu entre patriciens et plébéiens, entre ingénus et affranchis, entre les fonctionnaires publics et les femmes domiciliées dans les
provinces où ils exerçaient leurs fonctions, etc...; mais
de ces prohibitions, fondées sur des considérations purement civiles ou politiques, ne tenant pas à la nature
même du mariage, et s'opposant néanmoins à l'existence des *justes noces*, devait logiquement résulter

(1) *Sic* von Hiering. *Esprit du Droit romain.*

(2) Ulp. Reg., tit. III. § 2.

l'institution du concubinat. Celui-ci fut, en effet, légalement reconnu. On le définit : le commerce licite d'un homme et d'une femme sans qu'il y ait mariage entre eux. Dans le concubinat, il n'y a donc point de noces, point de *matrimonium*, point de dot; les conjoints n'ont pas le titre d'époux, et les enfants ne sont ni dans la famille, ni sous la puissance de leur père. Ceux-ci ont cependant un père certain; différant par cet avantage des *vulgo concepti*, on les nommait *liberi naturales;* cette qualité d'enfants naturels leur permettait d'être légitimés. Comme aucune formalité n'était requise ni pour se marier, ni pour entrer en concubinat, il s'ensuit que la concubine ne se distinguait de l'épouse que d'après l'intention apparente des parties.

Le mariage est, au contraire, l'union de l'homme et de la femme impliquant entre eux *indivisibilité de condition* (Inst. de *patria* pot. § 1). Par lui-même, il donne à l'épouse (uxor) le domicile, le nom, les titres et qualités de son mari; celui-ci (vir) est-il *clarissimus*, elle devient *clarissima*, et ne cesse de l'être pendant le veuvage. Parmi les nombreuses dispositions légales ayant pour objet d'assurer la paix et l'union des époux, citons le bénéfice de compétence, la défense de témoigner en justice l'un contre l'autre, la substitution d'actions *in factum* aux actions infamantes. Que si, malgré cela, une difficulté s'élevait entre eux, le mari accompagnait sa femme au temple de la déesse Viriplaca, et ils en sortaient réconciliés.

Mais la femme, légalement inférieure à l'homme, devait à son mari obéissance et respect. Sa condition différait pourtant suivant qu'elle s'était engagée dans les liens du mariage *cum manu* ou *sine manu*. Sans doute, la puissance maritale existe dans les deux cas, mais à un degré plus ou moins élevé puisque tantôt la femme sort de sa famille pour tomber *in manu mariti*, (1) tantôt elle demeure sous la puissance de son père ou de ses tuteurs.

Le fait isolé du mariage n'opérait pas de changement d'état sur la tête de la fille.

DE LA MANUS. — La *manus* est une puissance analogue à la *patria potestas*, conférée au mari sur sa femme ; son origine est inconnue. Peut-être ne serait-il pas téméraire de la chercher dans les coutumes de ces anciens peuples de l'Asie centrale dont les Hindous, les Grecs, les Romains furent les descendants ; par là, nous serions porté à croire, malgré l'opinion contraire de presque tous les jurisconsultes, que la *manus* était primitivement, à Rome, de l'essence même du mariage. Les uns prétendent que le mariage libre (sans *manus*) fût de tout temps adopté par les patriciens avant la loi des XII Tables, tandis que la *manus* aurait toujours été, par droit de conquête, attachée aux mariages des plébéiens, issus de ces bandits qui, sous la conduite de Romulus, vinrent fonder Rome sur la rive gauche du Tibre, en commençant par s'emparer, au moyen d'un audacieux artifice, des femmes du peuple voisin, les

(1) *In manu mariti*, dans la main du mari. Energique expression de la puissance, de l'autorité ! car la main est bien l'organe de l'appréhension matérielle, celui de la force, par excellence.

Sabines. D'autres estiment, au contraire, que les plébéiens seuls auraient usé du mariage libre. Mais,
d'abord, on ne voit pas quand, comment et pourquoi,
les patriciennes auraient renoncé au mariage libre,
puisque la loi des XII Tables, qui consacre les usages,
n'établit point de différences entre les deux ordres;
pour cette même raison, nous réfutons aussi la
seconde opinion. Il faut tenir pour certain, dit enfin
M. Accarias, que la *manus* ne fut pas la conséquence
immédiate et directe du mariage ; c'est ce que prouve
l'existence d'un de ses modes particuliers d'acquisition,
l'*usus !* or, M. Accarias est-il bien sûr que l'*usus* ne
soit pas postérieur aux deux autres modes constitutifs
de la *manus*? il n'en dit rien. *Unum dominium, una
libertas,* jus proprium romanorum est, écrit Gaius ;
aussi, loin de méconnaître le caractère du droit romain,
son inflexible unité primitive, pouvons-nous ajouter :
unum matrimonium. Et la preuve qu'aux premiers
temps de Rome le mariage avec *manus* était seul
pratiqué, nous la trouvons dans les origines orientales
de l'achat de la femme, la *coemptio,* dans l'impossibilité
où l'on est d'expliquer quand et comment les plébéiens
auraient acquis la *manus,* enfin dans le sentiment
religieux sous l'empire duquel la famille s'est développée. Si le mari est le chef du culte domestique,
s'il brûle les parfums, égorge les victimes, la femme
ne prenait-elle pas une part passive à ces actes pieux
en adoptant la religion, les ancêtres de son époux?
or, ce lien de dépendance de la femme que l'on constate à l'origine de toutes les civilisations, on le retrouve

dans l'antiquité romaine, où il est surtout vrai de dire que le mariage est une *divini et humani juris communicatio* (1), et c'est précisément de ces anciennes croyances qui en attribuant à l'homme seul le droit de célébrer le culte sacré, plaçaient la femme dans un état d'infériorité relative, que M. Fustel de Coulanges fait dériver la *manus* : « ce qui le prouve, c'est que la femme qui n'avait pas été mariée suivant les rites sacrés, et qui, par conséquent, n'avait pas été associée au culte, n'était pas soumise à la puissance maritale (2). » Hâtons-nous de l'ajouter, si par la seule vertu du mariage, la femme passait *in manu*, plus tard, pour sanctionner cet effet, on environna de solennités l'union conjugale, comme d'ailleurs tous les actes importants de la vie civile. La confarréation, la mancipation, l'usucapion devinrent en usage, mais « l'application de ces formalités supposait leur nécessité; dès lors, si elles n'étaient pas accomplies, elles ne pouvaient produire les effets qui leur étaient attachés : la femme n'était pas *in manu mariti*, d'où la négligence et, plus tard, le calcul firent, par leur omission, les mariages libres que la loi des XII Tables consacrait elle-même en indiquant à la femme les pré-

(1) Voici le témoignage d'un ancien, « à partir du mariage, la femme n'a plus rien de commun avec la religion domestique de ses pères; elle sacrifie au foyer du mari. » Etienne de Bysance, *patra*.

(2) M. Fustel de Coulanges : Cité antique. p. 104. Ed. Hachette.

cautions qu'elle devait prendre pour interrompre l'u-
sucapion (1). »

CAUSES JURIDIQUES DE LA MANUS. — 1° La *Confarreatio* :
c'était un sacrifice solennel à Cérès. Les époux rom-
paient un gâteau de froment, symbole religieux de leur
union, suivant la belle définition que Modestin a donnée du mariage : « *nuptiæ sunt conjonctio maris et
feminæ et consortium omnis vitæ, divini et humani
juris communicatio.* » Cette cérémonie produisait cela
de particulier que les enfants issus d'un tel mariage
avaient seuls l'aptitude à devenir soit flamines de Jupi-
ter, de Mars ou de Quirinus, soit *reges sacrorum* (2).
La confarréation finit par tomber en désuétude : sous
Tibère, les prêtres se recrutaient difficilement et les
femmes ayant pris la *manus* en horreur, un sénatus-
consulte décida que la confarréation ne se ferait plus
que *ad sacra tantum,* en sorte que la condition antérieure de la femme n'était point modifiée par cette
solennité.

2° La *Coemptio :* ou vente fictive et solennelle de la
fille faite par le père au mari, ou par la fille elle-même,
si elle était *sui juris.* Au temps de la grande civilisation romaine, on ne s'explique point cet usage qui rap-

---

(1) V. M. Ginoulhiac : Hist. du régime dotal et de la communauté en France, p. 56 et s.

(2) Le *rex sacrorum* était un prêtre chargé de faire certains
sacrifices publics autrefois accomplis par les rois (Pestus *sacri-
ficulum rex.)*

pelle les époques barbares de tous les anciens peuples :
il avait disparu sous Justinien.

3° L'*Usus* : ce moyen de laisser acquérir la *manus*
au mari, lorsque la confarréation ou la coemption
n'avait pas eu lieu, repose sur cette même idée que
la femme est une chose susceptible d'appropriation.
Comme un objet mobilier, le mari peut la prescrire,
l'usucaper par le laps de temps d'un an de possession
continue. Mais en découchant trois nuits consécutives,
la femme, interrompait la prescription, échappait à la
manus. Le père qui mariait sa fille et ne voulait point
céder la *manus* à un gendre dont il ne connaissait
pas encore le caractère, avait donc le moyen, s'il la
méritait, de la lui laisser acquérir, ou de s'y opposer
dans le cas contraire. A l'époque de Gaïus toutes ces
dispositions de la loi des XII Tables n'existaient plus
qu'à l'état de souvenir.

§ 1. EFFETS DE LA MANUS AU POINT DE VUE DE LA
PERSONNE DE LA FEMME. — « *Mulier agnoscitur loco
filiæ vel loco neptis.* » La *Conventio in manum* éteint
en effet la puissance paternelle, car elle imprime à la
femme une *minima capitis dominutio*, la fait sortir
de sa propre famille et entrer dans celle du mari, à titre
de fille, *loco filiæ*, de sœur, *loco sororis*, vis-à-vis de
ses enfants, de petite fille, *neptis loco*, vis-à-vis de
son beau-père (G. III. 14-24).

« Le mari, dit Caton l'Ancien, est juge de sa femme ;
son pouvoir est sans limite, il fait ce qu'il veut. Si
elle a commis une faute, il la punit ; si elle a bu du

vin, il la condamne; si elle a eu commerce avec un autre homme, il la tue. » Denys d'Halycarnasse tient le même langage : « si la femme faisait quelque faute envers son mari, il était son juge..., quand une femme était convaincue d'adultère ou d'avoir bu du vin, ses parents en étaient les juges conjointement avec son mari (L. 2. ch. 8). » Oui, le mari jugeait et punissait les délits de sa femme; il avait sur elle le droit exorbitant de vie et de mort, mais il ne pouvait l'exercer qu'assisté du conseil de famille. C'est ainsi que son pouvoir sans limite n'était pas toujours dénué de tout contrôle. Le mari avait la présidence du tribunal domestique (1); on donnait voix délibérative au père et aux cognats de la femme (G. I. 114-136. — III. § 3. 14. — Ulp. reg. tit. 22. § 14). En un seul cas, celui de flagrant délit d'adultère, le mari pouvait impunément, *sine judicio*, tuer sa femme : dans la même circonstance le père avait aussi le même droit, ce qui prouve que malgré la *manus*, la puissance paternelle n'était pas radicalement détruite (2). La femme surprenant son mari en flagrant délit d'adultère avait-elle le droit de le tuer? loin de là ! un pareil outrage ne l'autorisait même pas à lever le doigt contre lui : *illa si te adulterares*, dit Aulu-Gelle, rapportant les paroles de Caton, *digito non audere contingere, neque jus est* (co. 25).

---

(1) Le tribunal domestique disparut lorsque les mœurs ou les lois eurent rendu son office inutile. Il existait encore sous Néron. (Tacite. Ann. L. XIII. 32).

(2) Collat. leg. mosaïc. t. 4. ch. 3. § 2.

Et cela se comprend dans une législation qui, devant la toute puissance maritale, effaçait la personnalité de l'épouse. On punissait rigoureusement l'adultère de la femme, non pas tant à cause de la violation de la loi morale et des devoirs réciproques des époux, mais bien plutôt parce que le droit de propriété du mari sur la personne de sa femme recevait une atteinte grave.

Vainement soutiendrait-on que le mari n'avait pas le droit de vendre sa femme et celui, par conséquent, d'en faire l'abandon noxal, de la livrer au tiers lésé en réparation du dommage qu'elle lui aurait causé, le doute n'est point possible devant ce texte de Gaïus : « *Omnes igitur liberorum personœ, sive masculini, sive femini sexus, qui in potestate parentis sunt, mancipari ab hoc eodem modo possunt quo etiam servi mancipari possunt, idem juris est in earum personis quœ in manu sunt : nam feminœ quœ a coemptionatoribus eodum modo possunt mancipari....... adeo ut quamvis ea sola apud coemptionatorem filiœ loco sit quœ justè ei nupta sit, nihilominus étiam quœ ei nupta non est, nec ab eo filiœ loco sit, ab eo mancipari possit* (I. 117-118). Et pourquoi le mari n'aurait-il pas le droit de vendre sa femme, d'en faire l'abandon noxal, puisque, d'un côté, il a sur elle l'autorité d'un père sur son enfant, que, d'autre part, il a parfaitement le droit de la revendiquer et d'exercer *l'actio furti* contre son ravisseur, absolument comme si celui-ci lui avait dérobé un objet de son patrimoine? plus tard, le préteur lui accorda l'interdit *de exhibenda uxore* (f. 1. § 2. l. 6. t. 1. — f. 2. l. 43. t. 33).

Veuve enfin, la femme, *loco filiæ*, se trouvait sous la tutelle de ses plus proches agnats, de ses enfants. Mais le mari pouvait, par une disposition testamentaire, lui imposer un tuteur ou lui laisser généreusement le soin de le choisir elle-même ou d'en changer à son gré, suivant qu'il lui donnait *l'optio tutoris plena vel augusta.*

§ 2. Effet de la Manus au point de vue des biens de la femme. — Si, à cause de la *capitis deminutio* qu'elle éprouve par suite de la *manus*, la femme cesse de compter au nombre des enfants de son père, si elle n'a plus dans son ancienne famille que la *bonorum possessio unde cognati*, elle acquiert, en revanche, des droits nouveaux d'agnation dans la famille de son mari. D'où, pour celui-ci, la nécessité de l'exhéréder formellement, afin de l'éloigner, le cas échéant, de sa succession (Ulp. f. t. xxii. 4.) Son nouvel état lui donne la *querela inofficiosi testamenti* (G. II. 159); et elle devient l'héritière *ab intestat* de son époux, en qualité de fille, et de ses enfants, comme agnate (G. III. 3. 14).

Quant aux biens possédés par la femme avant son mariage, quant à ceux qu'elle acquiert par son travail, ou qui lui adviennent à titre de donation ou de succession, tous vont se confondre dans le patrimoine du mari; pour celui-ci, la *manus* est un mode d'acquisition *per universum*. Mais, comme la *capitis deminutio* avait pour effet d'éteindre la personne juridique de la femme, de faire évanouir tous ses droits personnels, il en résulte que les droits réels d'usufruit et d'usage, dont celle-ci jouissait avant le mariage, ne passaient point à son mari. Il en est de même des dettes ; la *capitis deminutio* les éteignait. Aussi, le préteur, venant avec son équité pratique, au secours des créanciers de la femme, leur donna-t-il une action *utile* contre le mari pour obliger ce dernier à payer ou à faire l'abandon des biens dont, au moyen de la *manus*, il s'était enrichi à leur détriment (G. III. 84). En un mot, pendant le mariage, la femme n'avait qu'une espérance, celle d'hériter un jour. Elle ne pouvait rien posséder, rien administrer ; au mari, seul et unique propriétaire, tous les droits, *jus utendi, fruendi, abutendique*. Les donations entre époux étaient par conséquent impossibles sous ce régime.

L'existence de la dot était-elle compatible avec la *manus ?* il ne s'agit pas de savoir si les biens que la *manus* procure au mari lui offrent la même utilité et lui servent aux mêmes fins qu'une dot. Ce qui ne fait pas l'ombre d'un doute, c'est que le mari avait les mêmes avantages que si une dot lui avait été constituée. Mais il faut se demander si, à la dissolution du mariage, il pouvait être nécessairement obligé à rendre ces biens. Ainsi posée, la question se résout d'elle-même, car, en principe, il est bien évident que nul ne peut être débiteur d'une personne qu'il a sous sa puissance (1). On prétend qu'une certaine loi de Romulus attribuait à la femme, répudiée sans juste cause, la moitié des

---

(1) V. M. Accarias, Précis de Dr. rom. t. 1. note 1. p. 700.

biens de son mari ; mais, il n'y a rien là qui nous
fasse apercevoir la moindre trace de constitution
dotale ! Tout au plus, pourrait-on trouver quelques
analogies avec les constitutions dotales dans ces conventions plus tard admises, quand, l'usage du divorce
ayant pénétré dans les mœurs, il devint loisible au
père ou à toute autre personne de stipuler en sa faveur
ou au nom de l'épouse un droit de retour, à la dissolution du mariage. Aulu-Gelle rapporte (L. IV. ch. 3)
que, suivant Servius Sulpicius, ces conventions matrimoniales assurant la restitution de l'apport de la femme
commencèrent à se produire seulement après le divorce
de Carvilius Ruga. C'est alors que Cicéron put dire :
« *cum mulier in manum convenit, omnia quæ ejus
sunt, viri fiunt dotis nomine.* » (Topic. IV). Ce qui
n'empêchait pas le mari d'acquérir, à titre définitif de
propriété, les biens postérieurement échus à sa femme.
De telles stipulations matrimoniales ayant pour effet
d'obliger le mari à restituer à la femme son apport, de
même que l'adrogeant rendait à l'adrogé son patrimoine en cas d'émancipation, n'ont pas en réalité les
caractères de la dotalité, ni surtout ceux de la parapher-
nalité, tels qu'on les constate dans le mariage libre (1).

Contre la théorie de la *manus,* telle que nous
l'avons développée, M. Gide en a élevé une autre, à coup
sûr très-originale, mais qui cependant semble dépour-

_____

(1) Conf. d'Hauthuile, Revue de législ.... t. 7 p. 305 et s. ;
Neuville, cod. t. 53, p. 314. V. aussi M. Ginoulhiac, loc. c. 7,
p. 60 et s.

vue de solidité. Ce savant professeur pense que la *ma-nus* n'avait trait qu'aux intérêts pécuniaires, que la femme pouvait, dès lors, s'obliger sur sa personne, le mari n'ayant de droits que sur ses biens. Cette opinion repose sur deux textes de Gaïus : Le premier se demande si l'on peut acquérir la possession par la femme *in manu; per eas personas quas in manu habe-mus, proprietas quidem adquirentur nobis ex omni-bus causis ; an autem possessio adquiratur, queri solet, quia ipsas non possidemus;* (II. 89) et Gaïus de répondre : c'est douteux, *quia ipsas non posside-mus.* « N'est-ce pas dire clairement, affirme M. Gide, que, la *potestas* frappant la personne et le corps même du fils ou de l'esclave, tout ce qu'ils possèdent *corpore* est par cela-même au pouvoir et en la possession du chef de famille, tandis que la *manus* n'atteignant que le patrimoine de la personne, ne peut faire acquérir que ce qui entre dans son patrimoine et non pas ce qui est seulement possédé par elle?» Voilà, certes, une conclusion prématurée! le texte de Gaïus, que prouve-t-il? que la question est discutée, controversée ; or, elle ne le serait pas, si tous les jurisconsultes avaient admis le *quia ipsas non possidemus.* N'est-il pas téméraire d'appuyer un pareil système sur ce texte qui est d'ailleurs en contradiction flagrante avec d'au-tres, notamment avec les §§ 117, 118. G. C. 1. M. Gide insiste : « La femme, dit-il, ne peut être vendue ni cédée en réparation, ni donnée en adoption; le mari peut seulement lui donner un tuteur, car la tutelle, comme la *manus*, n'a que les biens de la femme pour

objet. » Mais à quelle époque se réfère M. Gide?
parle-t-il du temps où la *mauus* régnait dans toute sa
force? pas du tout! il attribue de tels effets à la *manus*, alors qu'elle a perdu son véritable caractère. Ce
n'est donc plus la *manus*!... et nous reconnaissons
parfaitement qu'au point de vue du droit postérieur,
cette ancienne institution apparaît, à son déclin, sous
l'influence des mœurs ou des lois nouvelles comme
ayant uniquement trait aux biens, tant il est vrai que
la dépendance personnelle de la femme dérive du
mariage, abstraction faite de sa forme, bien que la *manus* ait pu, à un temps donné, exagérer la rigueur de
ses liens.

SECTION III. — *Du mariage libre (sine manu).*

Nous avons émis l'opinion qu'à l'origine de la société
romaine on ne voyait point d'unions conjugales sans
conventio in manum. La coutume introduisit le
mariage libre, que consacrèrent les XII Tables. Deux
motifs favorisèrent son accueil. La femme, dans ce
nouveau régime, ne sortait pas de sa famille, conservait sa personnalité, et partageait avec son mari le
droit de répudiation qui lui était refusé sous la *manus*. Enfin, la *manus* avait un grand inconvénient:
c'était de porter préjudice aux tuteurs qui, peu sou-
cieux de se démettre au profit d'un époux de leurs
droits successoraux, refusaient d'autoriser la femme à
convoler en secondes noces. Ce n'est donc point l'aspi-
ration des femmes vers une liberté plus complète qui

donna lieu tout d'abord au mariage libre, car, même sous ce régime, elles n'échappaient pas à la puissance paternelle ou tutélaire; ce genre d'union s'établit par la force des choses. A côté de la *manus* qui sacrifiait la femme à la toute-puissance du mari, aliénait au profit de celui-ci ses biens, sa personne, sa liberté, coexista de bonne heure le mariage libre. Cicéron nous apprend que, de son temps, les deux formes de justes noces se partageaient le nombre des unions. On assistait, à cette même époque, à la décadence de la puissance paternelle et agnatique.

Le père conserva bien jusqu'aux empereurs son ancienne autorité, mais, en fait, elle était illusoire, surtout quand la fille vivait éloignée de lui avec son époux. D'un autre côté, on apporta de sérieuses modifications au pouvoir absolu du chef de famille de disposer de ses biens. La loi Cincia mit des bornes à la liberté des donations; les lois Cornelia et Furia imposèrent des restrictions aux cautionnements et aux legs, enfin, les possessions de biens prétoriennes et la plainte d'inofficiosité ou action en rescision du testament, donnée à certains héritiers légitimes que le testateur avait dépouillés d'une manière régulière, mais sans justes motifs, diminuèrent d'autant l'autorité paternelle dans sa véritable sanction, le droit de disposer.

Quant à la tutelle agnatique, les jurisconsultes imaginèrent diverses subtilités pour en éluder les effets. Une femme, après avoir passé avec une personne de son choix un contrat de fiducie, se don-

nait à elle *in mancipio ;* puis, le coemptionnateur
l'affranchissait par la vindicte, et alors, présumée
sous la tutelle du patron affranchissant, elle ne se
trouvait, en définitive, que sous celle d'un ami com-
plaisant. Cela fait dire à Cicéron, déplorant ironi-
quement l'atteinte portée aux vieilles coutumes, que
les jurisconsultes de son temps avaient trouvé le
moyen de placer les tuteurs sous la dépendance
des femmes dont la surveillance leur avait été confiée
(Pro Mur. 12)'. Ainsi s'effondra peu à peu le vieil
édifice romain ; ne nous en étonnons pas. La religion avait fondé la famille et la cité, pénétré l'organisation politique et les lois civiles ; que la religion
s'affaiblisse, que la foi s'en aille, le système civil
et politique de Rome perdra' sa vitalité. Viennent,
en effet, les philosophes qui remuent, suivant l'expression de Platon, ce qui jusqu'alors avait été
immobile. Ce n'est donc plus dans les coutumes
des ancêtres, dans l'immuable tradition, mais dans
la conscience qu'ils puisèrent les règles du sentiment religieux et celles de la politique. Zénon conçoit le Dieu de l'univers ; il rêve un État où entre-
rait le genre humain tout entier. Avec la religion
du foyer, de la cité, la raison repousse la servitude
du citoyen ; la conscience s'affranchit, l'individu gran-
dit ; la politique nationale se transforme, car le monde
trop étroit des lois civiles éclate de toutes parts.
« Ainsi, par cela seul que la famille n'avait plus
sa religion domestique, sa constitution et son droit
furent transformés ; de même que, par cela seul

que l'État n'avait plus sa religion officielle, les règles du gouvernement des hommes furent changées pour toujours. » (1) Oui, les institutions qui paralysent le libre essor de l'âme sont fatalement destinées à périr ; ébranlez l'une d'elles, le choc se communique aux autres et l'édifice croule. C'est ainsi que le régime de la *manus*, si contraire au droit naturel, subissant le sort de l'organisation romaine, finit par succomber sous le coup des doctrines nouvelles. Par l'agitation et le mélange des idées, la conquête romaine favorisa aussi l'œuvre des philosophes et des jurisconsultes ; mais nous verrons bientôt combien la victoire fut pernicieuse au peuple vainqueur. Au contact de la civilisation si brillante, si efféminée de la Grèce, les Romains perdant leurs antiques vertus, la corruption envahit la société tout entière, fut le signal de la décadence des mœurs et la ruine de la République.

EFFETS DU MARIAGE LIBRE VIS-A-VIS DE LA FEMME : — 1° AU POINT DE VUE DE LA PERSONNE : — Le mariage, d'après la définition que nous en avons rapportée, établissait entre les époux une communauté d'existence qui donnait à la femme la condition de son mari. Aussi l'épouse romaine, *l'uxor*, pouvait-elle, s'adressant à son époux, lui répéter cette parole si pittoresque : « *ubi tu Caïus, ibi Caïa.* » Tu portes le nom de Caïus, je prends celui de Caïa ; là, où règne ton empire, là s'étend le mien.

---

(1) Fustel de Coulanges. Cité Antique.

Qu'on ameute la foule autour d'une femme sur la voie publique, qu'on la suive dans les rues, qu'on la provoque par des propos séduisants, qu'on attente à sa pudeur par des mots obscènes, l'outrage rejaillit sur le mari. Qui insulte l'épouse, insulte l'époux, et celui-ci peut agir contre le coupable en son nom propre, comme en celui de sa femme; « mais, en sens inverse, dit Justinien, si une injure a été faite au mari, la femme ne peut intenter l'action, car on a constitué les maris défenseurs de leurs femmes, et non les femmes protectrices de leurs maris. (Inst. 1 v. § 1. 2. — Fr. 14 § 24. L. 47. T. 10).

Si le mari devait à sa femme secours et entretien, il avait le droit d'exiger d'elle respect et soumission, car, suivant les textes, il y a plus de dignité chez l'homme, *major est dignitas in sexu virili* (F. 1. L. 1. t. 9). L'infériorité, présumée naturelle, de la femme est toujours le fondement de la suprématie maritale.

Mais, soumise à son conjoint, l'épouse, dans le mariage, n'en restait pas moins sous l'autorité paternelle, et le père conservait de tels droits sur sa fille, devenue femme, qu'il lui était même permis de l'arracher des bras de son époux : « Mon père, s'écrie une de ces malheureuses victimes, vous m'infligez la plus cruelle injure ! Si vous jugiez Cresphonte malhonnête homme, que me donniez-vous à lui ? et s'il est digne, pourquoi, malgré lui, malgré moi, brisez-vous les doux liens de notre union ? (1) Ajoutons que ce droit,

---

(1) Ennius. Ap. auct. ad Heren. II. 24.

exorbitant pour le père, de dissoudre le mariage de ses enfants, disparut, en principe, sous Antonin le Pieux : « *Bene concordans matrimonium separari a patre D. Pius prohibuit.* »

De son côté, le mari conservait le droit de disposer de sa femme, de la punir, de la réclamer en cas d'enlèvement ; ces droits, il les exerçait, non pas à titre de propriétaire, comme dans la *manus*, mais en sa seule qualité de mari. S'il s'élevait entre la puissance paternelle et la puissance maritale un conflit d'autorité, intervenait alors le tribunal de famille, qui réglait le différénd. Une matrone, raconte Pline, d'après Sabius Pictor, ayant été surprise au moment où elle ouvrait le sac contenant les clefs de la cave, fut condamnée par le tribunal domestique à mourir de faim. (L. 111. § 13). Les pouvoirs du mari subirent, avec le temps, l'influence des mœurs ; il lui fut défendu de tuer impunément sa femme, surprise même en flagrant délit d'adultère ; le droit de punir lui échappa ausssi et le tribunal domestique fit place à un *judicium de moribus.*

Les deux époux se devant mutuellement fidélité, l'adultère de l'un créait au profit de l'autre une juste cause de divorce, mais les peines variaient suivant le sexe du délinquant. On punissait le mari par la confiscation de la moitié de ses biens. Quant à l'adultère de la femme, les Romains, comme nous, le jugeaient bien plus grave, soit parce qu'il risque d'introduire dans une famille des enfants qui ne sont point l'œuvre du mari, soit à cause de l'irréparable dégradation morale dans laquelle ce crime précipite celles qui l'ont commis. La confiscation de la dot et du tiers de ses biens frappait l'épouse coupable (P. f. 51. 62. de rit. nup); son témoignage n'avait aucune valeur en justice; elle ne pouvait ni se remarier, ni être instituée héritière, ni recevoir un legs ou un *fideicommis*. (1) A ces dispositions déjà si sévères de la loi *Julia de adulteriis*, Constantin substitua la peine de mort. (2)

Une novelle de Justinien remplaça la peine de mort par la fustigation et l'emprisonnement dans un monastère. Si le mari ne reprenait point sa femme dans l'espace de deux ans, elle restait enfermée à perpétuité, rasée et voilée : ses biens devenaient la propriété du monastère, en totalité ou dans certaines proportions, suivant qu'elle avait ou non des parents en ligne directe.

2° AU POINT DE VUE DES BIENS. — Avec le mariage libre apparaît le régime dotal. Dans ce régime, la matrone (3) contribuait aux dépenses du ménage :

---

(1) F. 13. t. 22. 5. — F. 20. § 6 L. 1. t. 28. — F. 29 § 1. II L. 13, X. L. VIII. 5.

(2) C'est donc par suite d'une interpolation de Justinien que cette peine se trouve mentionnée dans une constitution d'Alexandre Sévère (C. 9. ad. lég. Jul. de ad.) et c'est à tort que Justinien l'attribue à la loi Julia (§ 4 de pub. jud. Inst. IV. 18.)

(3) Toute femme maîtresse d'elle-même *(sui juris)* est dite *materfamilias* et conserve ce titre autant dans le mariage strict *(cum manu)* que dans le mariage libre *(sine manus)*; mais si, étant *alieni juris*, c'est-à-dire en puissance, elle contracte un mariage libre, comme elle ne peut à la fois être *filiafamilias* et *materfamilias*, on lui donne le nom honorable de *matrone*.

hors de là, les deux époux, légalement séparés de biens, avaient la liberté de passer entre eux toute espèce de contrat, société, prêt, vente, louage, au sujet de leur patrimoine. Occupons-nous de celui de la femme.

DE LA DOT ET DE SA CONSTITUTION. — Puisque la femme partage l'existence de son mari dans la famille et son rang dans la société, il est équitable qu'elle supporte aussi une part des charges qui pèsent légalement sur lui seul : de là, l'idée de la dot. On appelle ainsi l'ensemble des valeurs que la femme elle-même ou un tiers pour elle donne au mari, afin de l'aider à subvenir aux dépenses du ménage. Elle ne fut d'abord qu'une donation volontaire, puis elle devint une nécessité que la loi Julia ne fit que consacrer. La dot, en effet, destinée à marquer la différence qui séparait l'épouse de la concubine, accompagnait toujours le mariage libre. La constitution, dit Ulpien, avait lieu de trois manières : *aut datur, aut dicitur, aut promittitur.* La *dation* transférait immédiatement la propriété de la dot au mari, tandis que les deux autres modes ne lui conféraient qu'un droit de créance; mais, dans tous les cas, la constitution de dot exigeait de la part du constituant la capacité d'aliéner, tout au moins celle de s'obliger. D'où il suit, que la femme *sui juris* ne pouvait se doter sans l'*auctoritas* de son tuteur, ou, depuis la disparition de la tutelle, sans le consentement de son curateur; et, si elle était *alieni juris,* n'ayant pas de patrimoine propre, elle ne pouvait

se doter par la *dation*, ni par la *dictio dotis*, car cette
dernière forme de contrat lui était expressément interdite : elle ne pouvait dès lors s'obliger que par voie
de simple promesse. Au bas-empire, la simple convention de constituer une dot fut déclarée obligatoire
par Théodose et Valentinien. Ce pacte légitime remplaça la *dictio dotis.*

La constitution dotale pouvait précéder ou suivre
le mariage. Au premier cas, elle ne produisait ses
effets que tout autant que le mariage avait réelle-
ment lieu. Était présumée soumise à la condition
suspensive *si nuptiœ sequantur* la constitution résultant de la *dictio* ou de la *promissio* (F. 21. L. 23.
t. 3. — F. 4. § 2. De pact.). Si le mariage ne se
réalisait pas, le mari n'acquérait ni propriété, ni
libération, ni créance. Au contraire, la dation opérait purement et simplement transfert de propriété ;
dès lors, si l'union projetée venait à manquer, le
constituant avait contre le mari, à l'effet de se faire
réintégrer dans ses droits, un *condictio sine causa.*
Enfin, il y a grand intérêt à distinguer si les
biens dotaux avaient été estimés ou non. En cas
d'estimation, *œstimatio facit venditionem* ; le mari
était présumé acheteur de ces biens, meubles ou
immeubles, et avait droit à la garantie du constituant ;
il profitait des plus values, supportait les risques,
usucapait *pro emptore* et bénéficiait à partir du
mariage de tous les produits de la dot ; mais les
fruits antérieurement perçus ne lui appartenaient
jamais ; ils s'ajoutaient au capital dotal par appli-

cation de ce principe, qu'il n'y a pas de dot sans mariage (F. 7. § 1. De jure. dot. — F. 6. Sol. mat.). A la dissolution de l'union conjugale, le constituant, simple créancier du mari, pouvait actionner ce dernier en paiement de la somme d'argent fixée par l'estimation, sans jamais avoir la faculté de l'attaquer en restitution des choses elles-mêmes (F. 10. §§ 4-5. — FF. 14-52. XXIII. III.). A défaut d'estimation, la femme, lors de la dissolution du mariage, reprenait sa dot en nature ; elle profitait des améliorations et supportait les risques. Le mari n'est responsable que de son dol ou de sa faute, disent les textes (F. 10. Pr. et § 1. D. jure. dot.) : évincé d'une chose non estimée, constituée en dot par la dation, il n'a pas droit à la garantie, car l'éviction prouve qu'en réalité, rien ne lui a été donné : il ne possède que l'action de dol, ou l'action *in factum*, quand ses relations avec le constituant mettent obstacle à l'exercice de l'action infamante. Enfin, toutes les acquisitions qu'a pu faire le mari, à l'occasion de l'action dotale, doivent, en cas de non estimation, être restituées, excepté les fruits proprement dits dont il conserve le bénéfice proportionnellement à la durée du mariage.

A l'égard des choses mobilières, comme des biens estimés, le mari jouissait *du droit de disposition le plus complet :* il pouvait légalement donner la liberté à un esclave dotal, éteindre les droits de créance par novation ou acceptilation, et cela, sans le consentement de sa femme. Quant à la dot immobilière, le défaut d'estimation n'empêchait pas le mari d'en être propriétaire ; s'il l'aliénait ou l'hypothéquait, la femme n'avait pas le droit de suivre l'immeuble dotal entre les mains du tiers-acquéreur, ni de s'opposer à l'effet des poursuites des créanciers ; seulement, comme le mari devait la restitution de la dot immobilière dans son individualité propre, il devenait en ce cas, responsable vis-à-vis de sa femme d'une aliénation inopportune ou désastreuse.

Rappelons-nous que les droits du mari sur la dot reposent sur cette idée que les biens dotaux lui sont attribués, à titre de dédommagement, pour les charges qu'il est appelé à supporter; ces droits, n'étant pas une conséquence de la puissauce du mari sur la personne de son épouse, pouvaient ne pas être absolus. En effet, dans certains cas, la dot était soumise à une restitution, garantie par des cautions, gages ou hypothèques (1).

De la restitution de la dot. — La dot adventice n'était restituable qu'autant que le mariage finissait par la mort du mari ou par le divorce. Quant à la dot profectice (2), il fallait en opérer la restitution dans le même

(1) Aulu-Gelle IV. 3. Cicéron, pro Cœc. « Cum uteretur dote uxoris numerata, quo mulieri esset res cautior, curavit ut in eo fundo dos collocaretur. »

(2) On appelle dot profectice celle que constitue l'ascendant investi de la puissance sur la femme : dot adventice, celle que constitue toute autre personne, soit la femme elle-même, soit un tiers, parent ou non (Ulp. VI. §'3).

cas, et, en outre, lorsque la femme mourait pendant le mariage, du vivant de son père. On comprend facilement les motifs de ces diverses décisions ; ce que le père a donné à sa fille, en la mariant, n'est autre chose, en effet, qu'un pécule sur lequel il conserve tous ses droits. A la dissolution du mariage, il reprend donc les biens dotaux *jure peculii*, sauf certaines parts attribuées au mari dans l'intérêt des enfants (1).

La dot adventice, au contraire, à défaut de stipulation expresse, restait acquise au mari ; car a quel titre le constituant l'aurait-il revendiquée ? Mais, qu'elle fût adventice ou profectice, le prédécès du mari donna plus tard à la femme, assistée de son père, le droit de réclamer sa dot.

Quelle est l'origine des actions en restitution ? Pendant cinq siècles, rapporte Aulu-Gelle, les Romains ignorèrent les actions en restitution de la dot; mais les progrès du divorce y firent songer, et l'usage s'introduisit de stipuler dans les contrats de mariage la restitution des biens de la femme. De plus, pour suppléer au défaut de cette convention *(cautio rei uxoriæ)*, le préteur créa l'action *rei uxoriæ* contre le mari ;

(1) On peut dire aussi que le père, en dotant sa fille et lui cherchant un époux, n'ayant fait qu'obéir à une obligation naturelle (la loi ne la lui imposait pas encore,) n'avait pas entendu gratifier le mari à ses propres dépens; et Ulpien écrit avec raison : *dos eô reversura est unde profecta.* » Pomponius (F. 6. Jure. Dot) explique le droit du père d'une manière un peu étrange : « Il a perdu sa fille, il faut le consoler, en lui rendant son argent, *solatii loco !* »

celui-ci, néanmoins, si le divorce avait eu lieu par la
faute de sa femme, retenait certaines parties de la
dot, suivant le nombre des enfants (1). On assimila
ensuite la veuve à la divorcée, car alors, plus que
jamais, l'intérêt public exigeait que la femme put se
remarier pour donner des enfants à l'Etat : « *Reipublicæ interest mulieres dotes salvas habere, propter
quas nubere possint.* » Le meilleur moyen de favoriser les seconds mariages, en ce temps où les hommes recherchaient si avidement les femmes dotées,
n'était-ce point de sauvegarder l'existence même de la
dot? En conséquence, il ne fut point permis aux époux
d'introduire dans les conventions destinées à régler
le mode d'emploi, l'exigibilité ou la restitution de la
dot *(pacta dotalia)* certaines dispositions nuisibles à
l'intérêt de la femme, c'est-à-dire de l'Etat. On défendit de convenir que les biens dotaux passeraient aux
héritiers du mari prédécédé (Ulp. f. 2, de pact.) On
défendit encore de stipuler qu'après la dissolution du
mariage la dot serait restituée à la femme au delà du
temps où elle devait l'être; il était seulement loisible
d'anticiper l'époque de la restitution, de changer même,
par un pacte, son objet, pourvu que ce changement fût
avantageux à la femme. (F. 21, de pact.)

DES PARAPHERNAUX : — La dot pouvait comprendre

_____

(1) Ulp. t. 6. §§ 9, 10. — Cicéron Topic IV. « Si viri culpa
factum est divortium, et si mulieri nuntium remisit, tamen,
pro liberis nihil manere oportere. »

l'universalité des biens de la femme ; mais il n'en était pas toujours ainsi, et alors ceux qui ne rentraient pas dans la stipulation dotale restaient libres ou extra-dotaux (1). La femme avait le droit de les administrer et d'en disposer à son gré. Après en avoir confié l'administration à son mari, elle conservait la faculté de les revendiquer et de poursuivre ce dernier par l'action de mandat ou de dépôt, suivant l'étendue de sa responsabilité. Elle avait même contre lui, s'il essayait de détourner un de ces biens, l'action *rerum amotarum* ou l'action *ad exhibendum*.

(1) Ces biens portaient aussi le nom de paraphernaux, mais plus spécialement dans le cas où le mari en avait l'administration. Quand la femme les administrait, on les appelait *bona receptitia*

CHAPITRE II

La Femme à l'époque de l'ère classique, et sous les empereurs

SECTION I. — *Des lois caducaires.*

Affranchies des rigueurs de la puissance maternelle, de la tutelle agnatique et de la *manus*, maintenant les femmes jouissaient dans le mariage libre de la plus complète indépendance. Mais avouons tout de suite que les matrones ne surent point se montrer dignes de cette liberté; une rigide discipline avait jusque-là asservi toutes leurs volontés, mais cela n'était pas assez. L'éducation intellectuelle et morale de la femme restait à faire. Aussi que de débordements!

Au lendemain de l'expédition de l'Asie-Mineure, en 564 (190 av. J.-C.) le luxe de l'Orient et de la Grèce, d'Ephèse et d'Alexandrie inonde Rome de ses raffinements et de ses vaines futilités. Les femmes, maîtresses de leur fortune, ne sûrent point résister aux atteintes de la coquetterie et aux entrainements des folles passions. Une loi *Oppia* (540) leur avait défendu de posséder plus d'une demi-once d'or, ou plus d'un vêtement de diverses couleurs; mais, réunies en foule sur le Forum,

elles soulevèrent de tels murmures, que cette loi fut
abrogée malgré l'énergique résistance de l'austère
Caton, qui voyait dans leur émulation pour la parure la
cause des plus grands désordres. N'ayant pu réprimer
le luxe, le vieux Caton résolut d'en tarir les sources ;
mais vainement la loi Voconia mit-elle des bornes à
la liberté des dispositions testamentaires. La corruption fit de si rapides progrès que le mariage
n'eut plus de stabilité ; le plus futile prétexte
donnait lieu au divorce. Si vous demandez à Paul-
Emile répudiant Papiria, la mère du grand Scipion, le
motif de sa conduite : « mes souliers, répondra-t-il,
sont neufs, sont bien faits, et cependant je suis obligé
d'en changer ; nul mieux que moi ne sait où ils me
blessent. » Une fois que les femmes eurent été admises au dangereux privilége de divorcer, elles dépassè-
rent, s'il est possible, l'inconduite des maris. Un ami
de Cicéron lui écrit naturellement : « Paula Valéria, la
sœur de Triarius, a divorcé sans motifs, le jour même
où son mari revenait de la province; elle doit épouser
D. Brutus. (1) Aussi Sénèque a-t-il pu dire : « La mul-
titude des coupables étouffe l'ignominie ; la honte de
chacun disparaît dans la honte commune. Quelle
femme rougirait du divorce, lorsque les femmes d'un
rang illustre ne comptent plus leurs années par les
consuls, mais par le nombre de leurs maris. » (de
Benef... III. 16.)

Partout se répand le vice et, pour le satisfaire, la

(1) Cic. ad Div. VIII. 7. pro Cluent. 5.

soif insatiable de l'or. Suffrages achetés dans les comices, concussions, pillages organisés dans les provinces par d'avides fonctionnaires, tout a pour mobile l'argent! La spéculation envahit le domaine des affections naturelles, le mariage devient une affaire. Impossible aux filles pauvres de se marier! Les grosses dots sont l'appât des hommes, la prime du mariage. Et quelle autorité pouvait donc avoir un mari que sa femme menaçait toujours du divorce et de la restitution de la dot? Le malheureux, obligé de céder à tous les caprices, n'avait qu'à s'écrier, comme dans la comédie de Plaute : « *Argentum accepi, imperium dote vendidi.* » En vain les poëtes comiques vantaient-ils la sagesse et l'humilité des filles sans fortune! Les hommes, que la passion de l'or et des plaisirs poussait à supporter toutes les avanies, n'en re-cherchaient pas moins la richesse; et les femmes devenaient pour eux d'impitoyables créanciers. « Quand la mauvaise humeur les prenait, dit M. Troplong, elles fatiguaient le pauvre mari de leurs réclamations; elles mettaient à ses trousses un esclave paraphernal pour le sommer de se libérer, bien heu-reux quand elles ne chargeaient point ce dernier d'une demande en divorce! Les mœurs boulever-saient les idées des vieux Romains, admirateurs de la *manus.* Ils se récriaient contre l'humiliation des maris, l'arrogance des femmes, la dégradation de la vertu romaine. Mais leurs déclamations se perdaient dans le vide, et tout conspirait pour l'émancipation des femmes et pour la chute des institutions aristo-

cratiques. » Dans ce ton impérieux et hautain des
dames romaines, on découvre, ce nous semble, quelque chose de vindicatif; tel, en effet, durant de longs
siècles, avait été leur asservissement que, le frein
brisé, leur orgueil ne connut plus de bornes; tant
il est vrai qu'il est aussi dangereux d'imposer à l'être
humain le joug d'institutions contraires au développement régulier de sa nature ou de ses facultés,
qu'il est juste et utile de l'élever toujours dans la
pratique de la liberté.

Ainsi, tyrannie insupportable au foyer domestique.
Au dehors, la corruption était à son comble. On con-
naît, par les révélations de l'affranchie Hispala
Fecennia, l'odieuse conjuration des Bacchanales, qui
devait anéantir les principes fondamentaux de la
famille. Au dire de Florus, la société romaine était
près de périr, noyée dans la sentine de ses vices. On
méprise le mariage, on le déserte; car il est devenu
plus commode et moins onéreux de vivre seul. Les
célibataires sont honorés : on les entoure, on les flatte,
on les comble de prévenances avec l'avidité mal dissi-
mulée de recueillir un jour leur succession. Les
unions stériles achèvent enfin le dépérissement de la
population épuisée par les proscriptions, les guerres
civiles ou étrangères et le célibat. Puis on avait fini par
ériger en théorie cette égoïste et immorale maxime
que Polybe accuse d'avoir été l'un des dissolvants de la
société grecque : « il est du *devoir* du citoyen de
conserver les grandes fortunes, et pour cela de ne
point avoir trop d'enfants ! » Que sont-ils devenus les

temps où s'appeler prolétaire constituait pour tout romain un titre d'honneur? (1)

Des âmes fortes et viriles, touchées d'un pareil spectacle, voulurent opposer des obstacles à ce déchaînement de passions déréglées. Quintus Mucius Scœvola fut frappé des scandales dont Rome était le théâtre; le luxe et le débordement n'y connaissaient plus de bornes; on allait même jusqu'à faire de la honte un moyen de spéculation. C'est ainsi que cet homme génèreux et plein d'illusions imagina une présomption d'après laquelle tout ce que la femme acquiert pendant son mariage est censé, en règle générale, provenir d'une donation qui lui aurait été faite par son mari. (2) Dans le cas, en effet, où il est impossible à la femme d'assigner une origine légitime aux biens qu'elle possède, on est fondé à croire qu'ils proviennent de son inconduite ou de larcins commis par elle au préjudice de son mari. Mais dans l'intérêt de la morale publique, la loi aime mieux supposer que les biens de la femme ont pour unique source une libéralité que lui aurait faite le mari.

La présomption n'a pas seulement pour but d'empêcher la femme de profiter d'un gain honteux, elle jette encore un voile prudent sur sa conduite.

(1) « *Proletarius, prolem dare,* qui fait souche d'enfants. » v. Mommsen sur ces détails, T. 8. L. V. Ch. XI.

(2) La présomption Mucienne formulée au Digeste (F. 51. Tit. 1 De donat... inter vir.) a été reproduite au Code dans une constitution d'Alexandre. (C. 6. Liv. V. Tit. XVI.)

La femme était donc reputée donataire de son
mari ; toutefois, les donations entre conjoints étant
interdites, le mari avait droit d'exercer une action
en restitution contre sa femme à raison des biens
par elle acquis ; mais, pour jouir de ce bénéfice, le
mari devait préalablement établir que l'acquisition
était postérieure au mariage.

Pour échapper à l'application de la présomption
mucienne, la femme avait à démontrer l'origine légitime des deniers dont elle s'était servie pour faire ses
acquisitions. Quand le mariage était dissous par la
mort de son mari, il est peu probable que les héritiers fussent fondés à se prévaloir du bénéfice de la
présomption. Ce point ne présenta plus de difficultés,
dès que le sénatus-consulte de Sèvère et d'Antonin eut
décidé que les donations entre époux seraient confir-
mées par la persistance de la volonté du donataire.
Mais, qui du mari ou de la femme devenait-il propriétaire des biens acquis par elle avec des deniers
dont l'origine était incertaine? Nous estimons que la
propriété devait appartenir à la femme ; seulement,
le mari avait contre celle-ci une action en répétition
du prix qu'elle avait payé (1).

(1) Cette solution découle de plusieurs textes. V. Paul Sent.
Liv. II. Tit. XVII. § 15. — C. 8 si quis alt. vel sibi. — On ne peut
nous opposer les lois 51 (D. Liv. XXIV. Tit. 1) et 6 (cod. Liv.
V. Tit. XVI). La première ne statue pas sur une question de
propriété ; dans la seconde, le mari peut exiger la restitution de
l'argent, objet du dépôt fait, dans l'espèce, par sa femme, de
même qu'il est fondé à réclamer celle du prix d'achat dans le
cas où la femme a employé l'argent à une acquisition.

Pas plus que les lois proposées par Caton, la présomption mucienne ne parvint à opposer au torrent de la débauche des obstacles qui pussent l'arrêter. Les lois que l'on créa dans ce but ne furent que des palliatifs qui accusèrent toute l'étendue du mal au lieu de le guérir.

Vainement, pour combattre cet état de choses, le pouvoir censorial avait-il essayé de prononcer contre les célibataires certaines peines, l'amende par exemple *(œs uxorium)*, vainement, afin de relever la faveur du mariage, des récompenses furent-elles décernées aux pères d'une nombreuse famille; toutes les mesures étaient demeurées inefficaces. Le soin d'en prendre de plus générales et de plus énergiques fut dévolu à Auguste qui, vainqueur de Pompée à la célèbre journée de Pharsales, avait, sur les ruines de l'ancienne oligarchie patricienne, élevé le trône impérial.

Arrêter le fléau destructeur qui ravageait la famille et menaçait l'existence de l'Etat, favoriser le mariage, accroître ainsi la population, tel est le but des trois lois que fit rendre Auguste, *Julia de adulteriis, Julia de maritandis ordinibus* et *Pappia Poppœa*.

Ces deux dernières, désignées et confondues sous le nom de lois caducaires, frappent les célibataires et les gens mariés ou vœufs sans enfants de l'incapacité de recueillir, en tout ou en partie, les legs et les successions testamentaires qui leur seraient dévolus; elles attribuent leurs parts *(jus caduca vindicandi)* aux pères de famille inscrits avec eux dans le testament. Les femmes, mères de plusieurs enfants, échappaient à ces peines. Une triple ou quadruple parturition suffisait aussi à les exempter de la tutelle agnatique. Quant à ceux qui, mariés, commettaient l'adultère, ou, non mariés, entretenaient des relations de concubinage avec des femmes, filles ou veuves, qui par leur position pouvaient aspirer au titre d'épouse, la rélégation dans une île, la perte d'une portion de la fortune, furent les peines que leur infligea la loi *Julia de ad..* Nous connaissons les châtiments encourus par la femme coupable : ses mœurs dissolus, que l'autorité domestique n'était plus capable de réfréner, la firent tomber sous la dépendance directe de l'Etat. La loi seule prévoit et punit désormais les délits de la femme : c'est un jugement public. (1)

S'il fallait apprécier dans son ensemble la législation caducaire, on pourrait le faire d'un mot : le résultat espéré fut négatif. Poursuivre la réhabilitation du mariage en lui assignant pour base un élément précisément contraire à sa nature, l'égoïme et l'intérêt, n'était-ce pas plutôt l'avilir? Jamais, en effet, les mœurs ne furent plus honteuses, même sous le règne d'Octave et de Tibère, que lorsque ces princes les prirent sous leur protection, car les lois ne refont pas les hommes. *Vanæ leges sine moribus!*

Mais la plus importante des réformes d'Auguste

---

(1) Toutefois, l'adultère de la femme restait impuni, lorsque, avant le mariage, elle exerçait la profession honteuse de *lena* ou celle de comédienne. On supposait que le mari n'avait pas dû compter sur la fidélité d'une pareille épouse. (F. 10. § 2. Ad. leg. Jul. de ad.).

(Loi *Julia de ad.*,) et celle sur laquelle nous insiste-
rons à raison de la situation qu'elle fait à la femme
par rapport à ses biens, consiste dans l'organisation
du régime dotal, régime que l'usage seul avait jusque-là reconnu.

SECTION II. — *De l'organisation du régime dotal.*

Dans l'ancien droit, le mari était propriétaire absolu
des biens dotaux ; il pouvait en disposer à son gré, les
dissiper, les vendre, les donner (1). Puis, le préteur, en
présence du nombre toujours croissant des divorces,
voulant assurer à la femme le moyen de convoler à de
secondes noces lui accorda, comme on le sait déjà, une
action en restitution de la dot contre son mari. Or, la
plupart du temps, l'insolvabilité du mari rendait ce
recours illusoire. Comment, en l'état actuel de la société, porter remède à cet inconvénient ? Auguste, con-
naissant bien les hommes de son temps, imposa au père
l'obligation de doter sa fille (loi *de marit ord.*); et,
pénétré de cette idée qu'on devait soigneusement veiller à la conservation des biens dotaux, afin que l'appat
d'une riche dot fit plus facilement rencontrer aux femmes
de nouveaux époux, il écrivit dans la loi *Julia de ad...*

(1) A défaut d'héritier ou de légataires *patres*, les *caduca*
étaient dévolus au peuple considéré comme le père de tout le
monde (G. II. § 286. — Tacite ann., III. 28.). Mais Caracalla
substituant le trésor de l'empereur *(fiscus)* à celui du peuple
(œrarium) les attribua au fisc. Cette décision, tout en ayant
l'avantage de faire refleurir les mœurs, avait celui, non moins
appréciable de remplir les coffres impériaux.

un principe qui a pénétré dans nos codes, c'est l'inaliénabilité du fonds dotal. « *Lege Julia de adulteriis
cavetur, ne dotale præalium maritus invita uxore alie-
net.* » (Paul. II. 21. B. § 2.)

Cette loi porte, en effet, de graves restrictions aux
droits antérieurs du mari; elle prohibe l'aliénation de
l'immeuble dotal italique faite sans le consentement de
la femme, et, même avec ce consentement, la constitution d'hypothèque. Comment! dira-t-on, il sera possible au mari d'aliéner avec le concours de sa femme,
l'immeuble dotal, d'en faire passer irrévocablement la
propriété sur la tête d'un tiers, chose grave pourtant,
et il ne pourra pas, avec le même consentement, échapper aux poursuites d'un impitoyable créancier, obtenir
un crédit nécessaire, grever en un mot cet immeuble
d'une simple hypothèque? eh bien non ! précisément
parce que l'aliénation est chose grave, qu'elle produit
des effets immédiats, la femme en comprend les conséquences; elle ne donnera son consentement qu'en
parfaite connaissance de cause. On hésite, on réfléchit
avant de se dépouiller : au contraire, l'hypothèque,
moins dangereuse, en apparence, l'est beaucoup plus
en réalité. Le mari circonvient aisément sa femme :
il ne lui demande qu'une preuve de confiance, un
moyen de crédit. Oserait-elle le lui refuser? Une fois
l'immeuble dotal hypothéqué, le mari insolvable est
poursuivi et la dot compromise. La loi *Julia* a voulu
rendre ce résultat impossible. Mais elle ne dit rien des
meubles, ce qui nous fait croire que le mari restait
libre d'en disposer comme par le passé; d'ailleurs,

disposer des meubles, c'est la plupart du temps faire acte d'administration. Il ne suit pas de là que le mari pût, sans le consentement de sa femme, éteindre une créance ayant pour objet un immeuble dotal : c'eût été *prœdium alienare*.

Il est incontestable cependant que d'après le but même de la loi *Julia*, l'aliénation de la dot immobilière, consentie par le mari seul, ne saurait être frappée de nullité, si la femme n'est pas intéressée à la critiquer. Pendant le mariage, le sort de l'aliénation restait donc en suspens, puisque le droit de la femme sur la dot ne s'ouvrait que par le prédécès du mari ou le divorce. D'où, l'on s'est demandé, si le mari peut, durant le mariage, revendiquer l'immeuble dotal illégalement aliéné? On prétend que la loi *Julia* reconnaît à la femme un droit de propriété sur la dot immobilière ; or, la femme ayant seule intérêt à faire valoir la nullité de l'aliénation, à elle seule appartient l'exercice de l'action en revendication. Telle n'est pas notre opinion. Le mari ne cesse point, en effet, dans le droit classique, de rester propriétaire exclusif du bien dotal; son droit ne découle-t-il pas de la mancipation, de la *cessio in jure* ou de la tradition suivie d'usucapion? c'est toujours à titre de *dominus dotis* qu'il est chargé de subvenir aux besoins du ménage. Quelques textes, il est vrai, paraissent attribuer à la femme un droit de propriété, un *dominium naturale* sur la dot immobilière, (1) mais aucun de ces textes ne contredit notre

(1) V. Ulp. F. 7. § 12. Sol. mat. — G. F. 81. § 1. Ad. leg. Falc. — Tryph. F. 75. De j. dot.).

doctrine. Il s'agit seulement de les interpréter en ce sens que la femme tire profit de sa dot, que les revenus en sont affectés à son entretien et à celui de la famille, qu'elle en reçoit ainsi l'émolument, ce qui n'empêche pas le mari d'en être l'unique propriétaire. Et, en effet, le fr. 7 de fundo dot : supposant que ce dernier acquiert la propriété d'un fonds asservi au fonds dotal déclare impossible, pour cause de confusion, l'existence de la servitude, car *nemini res sua servit.*

Dans un second système, le mari ni la femme n'ont l'action en revendication, parce que l'un n'est plus propriétaire et l'autre ne l'est pas encore devenu. Mais, si l'aliénation est nulle, le mari n'a point perdu sa qualité de propriétaire! nous concluons donc, avec le troisième système, qu'il a le droit de revendiquer l'immeuble illégalement aliéné, à moins, cependant, qu'il n'ait acquis, depuis, le fonds dotal, à titre définitif de propriété, par le prédécès de sa femme. (F. 17 de fund. dot.) Dans ce dernier cas, le tiers acquéreur repousserait la revendication en vertu de ce principe : *Quem de evictione tenet actio, eumdem agentem repellit exceptio.*

De la défense d'aliéner il résulte dans l'intérêt de la femme : 1° que l'inaliénabilité commence à partir de la constitution de la dot, et dure jusqu'au jour de la restitution ; 2° que l'usucapion ou la prescription *longo tempore* du fonds dotal est impossible (1) ; 3° que le

_____

(1) Néanmoins l'usucapion et la proscription *longi temporis* commencées avant la constitution de la dot suivaient leur

mari n'a pas le droit d'en démembrer la propriété, soit par la concession de servitudes, soit par l'abandon de droits réels actifs.

Mais on cite certains cas où l'aliénation de la dot immobilière ne tomberait pas sous le coup de la loi *Julia*, c'est lorsque cette aliénation se produit à la suite de circonstances indépendantes de la volonté du mari. Ainsi, l'envoi en possession obtenu par le voisin auquel on a refusé la caution *damni infecti* permet à celui-ci d'usucaper le bâtiment dotal qui menace ruine; (F. 1 §3. XXIII. V.) de même, l'aliénation *per universitatem*, c'est-à-dire comprenant l'entier patrimoine du mari, fait valablement passer entre les mains de l'héritier ou de l'adrogeant l'immeuble dotal qui ne cesse pas, néanmoins, de rester inaliénable; enfin, la demande en partage intentée par le copropriétaire contre celui qui a reçu sans estimation et à titre dotal une part indivise dans un fonds, produit les mêmes effets : aussi le mari ne peut-il pas provoquer l'action (C. 2 de fund. dot.)

DE LA RESTITUTION DE LA DOT. — En principe, la dissolution du mariage ouvre le droit d'agir en restitution de la dot. Ce droit, nous l'avons dit, s'exerçait à Rome, suivant les cas, de différentes manières :

La femme mourait-elle pendant le mariage, la dot

cours; les Romains n'admettaient pas l'interruption civile de la possession, mais le mari était responsable, s'il avait par sa faute négligé de revendiquer en temps opportun.

profectice revenait au père et la dot receptice au constituant qui, pour la réclamer, jouissait de l'action *ex stipulatu*. Le mariage prenait-il fin par le prédécès du mari, les héritiers de celui-ci, sans distinguer si la dot était profectice ou adventice, la rendaient à la femme seule ou assistée de son paterfamilias. Enfin, le lien matrimonial était-il rompu par le divorce, la dot faisait retour à la femme *ut nubere possit*. Toutefois, si cette dernière cessait de vivre avant que la restitution ne fut opérée, l'action qui lui appartenait ne passait à ses héritiers qu'autant que le mari avait été préalablement sommé de restituer par une mise en demeure.

Exceptionnellement, la femme pouvait réclamer sa dot pendant le mariage lorsque ses droits éventuels étaient compromis par le désordre des affaires du mari; ou, lorsqu'elle devait l'employer à fournir des aliments à son père exilé, soit à faire l'acquisition avantageuse d'un fonds; soit encore lorsqu'il était impossible au mari, pour cause de service ou de mission publique, de pourvoir lui-même aux besoins de la famille.

La restitution s'opérait immédiatement, s'il s'agissait de corps certains; en trois termes, d'une année chacun pour les choses fongibles. Mais le prédécès de la femme autorisait le mari à garder la dot adventice et à retenir sur la dot profectice certaines quotités, en faveur des enfants, selon leur nombre; enfin, quand le divorce avait pour cause l'adultère de la femme, la loi Julia attribuait au mari la moitié de la dot, ou, tout au moins, une partie proportionnée à la gravité des fautes commises.

Si la femme n'avait pas eu le soin d'exiger une caution spéciale, elle n'avait pour garantie de son action en restitution qu'un privilége à l'encontre des créances personnelles de son mari; car l'hypothèque n'existait pas encore de plein droit à son profit; le législateur ne l'en gratifia que plus tard.

La femme pouvait-elle valablement renoncer aux sûretés lui garantissant la restitution de la dot? Certainement non, s'il s'agissait du *privilegium inter personales actiones,* puisque ce privilége lui était légalement conféré dans un intérêt public : *reipublicæ interest mulieres dotes salvas habere.* Mais elle pouvait, le mariage dissous, faire abandon, par novation avec son mari ou avec un tiers, du bénéfice attaché à sa créance. Avait-elle le même droit, s'il s'agissait d'une caution fournie par le mari? oui, la femme pouvait directement renoncer à son hypothèque conventionnelle au profit du mari propriétaire du bien affecté à la restitution de la dot, cette remise n'étant prohibée ni comme intercession, ni comme donation entre époux.

SECTION III. — *Condition de la femme sous le droit des empereurs.*

Au siècle d'Auguste, où vient expirer l'antiquité romaine, se lève pour la jurisprudence une ère nouvelle et glorieuse.

Imbus de la doctrine stoïcienne que Cicéron avait développée, comme philosophie sociale, dans son traité *des Lois,* les jurisconsultes sont résolus d'en faire passer

5

les principes du domaine de la théorie dans le champ
plus fécond de la pratique. Le premier qui tentera
cette entreprise sera Labéon, chef de l'école novatrice
à qui revient particulièrement l'honneur d'avoir fondé
le droit sur la raison. Cet illustre initiateur puisa les
plus belles de ses inspirations aux sources vivifiantes
du stoïcisme, dont les préceptes remarquables commu-
niquent à la personnalité humaine le profond sentiment de sa dignité par la proclamation de la liberté
de l'âme et de sa participation à la nature intelligente
de Dieu. Désormais, le droit naturel et rationnel allait
avoir pour apôtres ces grands hommes de l'ère classique « de la bouche desquels, écrit Cujas, s'épanchait
une doctrine admirable et presque divine ». C'est aussi
pour le droit naturel et rationnel que bientôt devaient
tomber en martyrs Ulpien, dont le sang versé par la
garde prétorienne, scella l'union du droit et de la philosophie, et Papinien qui, jugeant odieux de faire l'apolo-
gie du crime, trouva plus facile de mourir égorgé que
de justifier le fratricide commis par Caracalla.

Sous l'empire de cette morale, le droit civil perdit
de ses anciennes rigueurs : les rapports de famille s'adoucirent. Les jurisconsultes avaient proclamé que la puissance paternelle devait consister dans la piété et non
dans la sévérité la plus extrême; contraindre le père à
émanciper son fils, le priver même de ses droits de
succession, telle fut la sanction de cette maxime. Au
droit rigoureux de vie et de mort, Septime-Sévère
substitua le droit de correction et prescrivit qu'en cas
de récidive, lorsqu'il y avait lieu d'infliger au fils une

peine plus grave, le père prononçât la sentence de concert avec le magistrat, qui seul devait la faire exécuter ensuite. (C. VIII. 47, 5.) Quant aux devoirs des enfants envers les parents, un mot les indique : « la personne du père et du patron doit toujours être sainte et honorée. » Ce sont les expressions d'Ulpien qui, ordonnant en cela de suivre les conseils de la nature, recommandait aussi la piété filiale envers la mère. (D. XXXVII. 15, 9, 1. § 1.) La mère ! mais elle n'existait pas devant l'omnipotence du père, elle n'existait pas davantage au sein du mariage libre, elle, simple étrangère au foyer domestique, victime de l'égoïsme des siens et noyée dans le désordre des mœurs ! Auguste, le premier, s'occupa de relever la mère, comprenant qu'il importe à l'Etat qu'elle occupe une place honorable à côté de son époux et au milieu de ses enfants.

Le S.-C. Tertullien, voté dans ce but, vint attribuer à la mère la succession de ses enfants, pourvu qu'à défaut du mari elle prît l'exercice de la puissance paternelle, veillât sur eux et provoquât la nomination d'un tuteur. Peu de temps après, sous Marc-Aurèle, le sénatus-consulte Orphitien appelait les enfants à la succession de leur mère avant les agnats et les parents consanguins de la défunte. Pour la première fois, le droit naturel entrait en lutte contre cette puissante institution du droit civil, la succession agnatique, dont Rome s'était montrée si longtemps jalouse; avec l'appui d'un élément nouveau, le christianisme, il devait finir par triompher.

D'un autre côté, la condition des femmes s'était sensiblement améliorée sous le règne de Claude. Ce prince (an 778 de Rome), supprima la tutelle perpétuelle des agnats, ce qui signifie, non pas que la femme qui avait des agnats pût se passer d'un tuteur, mais que, désormais, le tuteur légitime devait faire place à un tuteur nommé par le magistrat. Dès ce moment, la tutelle n'est plus ce droit qu'exerçait autrefois, selon son intérêt ou ses caprices, celui que la législation civile en avait investi; c'est une fonction, une charge, organisée dans l'intérêt des femmes et que le tuteur doit remplir, suivant leur gré, sous l'injonction même de l'autorité du magistrat. Ainsi dégénérée en une pure formalité, la tutelle n'avait plus sa raison d'être. Théodose, en octroyant à toutes femmes le privilége de la maternité, les affranchit de cette vieille institution, depuis longtemps ruinée; Constantin en effaça les derniers vestiges, en 321. (C. 2. *De his qui ven.* § 1.)

S'il était juste d'accorder aux femmes cette émancipation nouvelle, il ne convenait pas, cependant, au milieu du désordre général des passions, de les livrer, sans défense, aux sollicitations intéressées des personnes influentes; il fallait les prémunir contre le danger des cautionnements, leur interdire toute ingérance dans les affaires d'autrui. C'était là, d'ailleurs, un retour aux antiques usages. Mais, avant de parler du sénatus-consulte Velleien, disons un mot des donations entre époux.

§ 1. DES DONATIONS ENTRE ÉPOUX. — Ces donations, irréalisables sous le régime de la *manus* furent, à l'origine, usitées dans le mariage libre. Néanmoins, soit que l'on

vit des époux entraînés par une aveugle passion se
dépouiller témérairement au profit d'un conjoint souvent trompeur, soit que l'on craignit que ces libéralités
ne fussent le prix, la condition même du mariage, la
coutume les prohiba de bonne heure : « moribus recep-
tum est, ne inter virum et uxorem donationes vale-
rent... » (Ulp. L. XXIV. T. 1. D.)

Cette prohibition ne s'adressait ni aux fiancés, ni aux
concubins : elle atteignait seulement les personnes unies
par le mariage et s'étendait à tous les actes revêtant le
caractère de donations entre vifs. Ces actes étaient radicalement nuls. Le donateur ne perdait jamais le droit
de revendiquer la chose donnée ou, si elle avait été
consommée, d'en demander la valeur au moyen d'une
condictio : il jouissait même d'une action utile pour
réclamer la propriété acquise avec le prix qui prove-
nait de la vente des biens formant l'objet de la
donation.

Cependant l'usage exceptait de la règle générale
certaines libéralités : ainsi, restaient valables les petits
présents que s'offraient habituellement les époux aux
calendes de mars, aux fêtes de Saturne, à l'anniversaire
de leur naissance, les donations faites par la femme à
son mari pour permettre à celui-ci d'acquérir une
dignité, d'exercer une fonction honorifique, et généralement toutes celles qui n'enrichissaient par le donataire.

Vers l'an 206, un sénatus-consulte attribué à Caracalla modifia la législation en vigueur : il reconnut la
validité des donations entre époux, mais les déclara

perpétuellement révocables (1). Jusques-là, elles ne pouvaient valoir qu'en vertu d'une confirmation testamentaire expresse. Depuis, le décès du donateur eût seul le pouvoir de les confirmer de plein droit. La nullité des donations ainsi faites ne devenait de la sorte définitive que par le repentir exprès ou tacite du donateur, le prédécès du donataire et le divorce.

§ 2. DU SENATUS-CONSULTE VÉLLÉIEN. — Quelques édits rendus par Auguste et par Claude avaient défendu aux femmes de contracter aucune obligation pour leurs maris. Mais, généralisant cette prohibition, que la femme fût ou non mariée, qu'elle s'obligeât pour son mari ou pour un tiers, dans tous les cas la jurisprudence annulait son intercession. Le sénatus-consulte Vélléien consacre cette jurisprudence : « feminas viribus officiis fungi et ejus generis obligationibus obstringi non est œquum. » Faut-il conclure de là que la pensée du Sénat fut de combattre l'influence des femmes plutôt que de les protéger? les deux hypothèses sont à la fois admissibles, car ajoute le texte : « Senatus obligatœ mulieri succurere voluit, non donanti; hoc ideo quia facilius mulier se obligat quam donat. » Ne retrouvons-nous pas ici le même motif auquel avait obéi la loi Julia en frappant les femmes de l'incapacité d'hypothéquer l'immeuble dotal? *lex enim arctius prohibet quam facilius fieri potest.*

(1) Cette disposition légale a passé dans notre droit moderne. Art. 1096 code civil.

L'intercession est le fait de celui qui, sans intérêt personnel, s'adjoint à l'obligation d'autrui ou y substitue sa propre obligation. Il suit de là que le s.-c. Vélléien reçoit son application lorsque les trois conditions suivantes se trouvent réunies. Il faut : 1° que la femme *s'oblige* pour *autrui*. Inutile d'insister sur la valeur de ces expressions 2° qu'elle s'oblige dans *l'intérêt* d'autrui. Est donc valide l'obligation contractée pour autrui quand, au fond, c'est la femme seule que l'affaire intéresse ; 3° que l'acte de la femme ne constitue pas une donation.

Comme sanction du sénatus-consulte Vélléien, l'intercession est nulle et ne laisse même pas après elle d'obligation naturelle ; de sorte que la femme, ayant payé par erreur, sans se prévaloir de la nullité, est autorisée à exercer la *condictio indebiti* (f. 40, pr. de cond. ind.). Mais cette nullité, n'opèrant pas de plein droit, devait être opposée par voie d'exception.

La femme pouvait-elle renoncer au bénéfice du Vélléien ? Non, répond M. Gide, parce que « nulle personne incapable ne peut, par sa propre volonté, s'attribuer une capacité que la loi lui dénie ; une loi qui intéresse l'ordre public et les bonnes mœurs est au-dessus de toutes conventions contraires. »

Le sénatus-consulte n'est pas applicable dans les cas où l'intercession a une juste cause, comme, par exemple, si la femme intercède pour le débiteur insolvable d'un créancier mineur de 25 ans, si elle a garanti le paiement d'une dot ou le paiement du prix fixé pour l'affranchissement d'un esclave (f. 12. de

min. IV. 4. — C. 12, 15, ad. s.-c. Vell.— C. 24, eod.
tit.) ; de même, si le créancier a été victime du dol de
la femme; enfin, quand celle-ci a reçu le prix de son
intercession ou quand, deux ans après une première
intercession, elle s'oblige de nouveau pour la même
dette. (F. 2. § 3. ad. s.-c. Vell. — F. 23, eod. tit.)

§ 3. DE LA DONATION A CAUSE DE NOCES. — La loi
des XII Tables que les Romains, dans leur vénération
pour elle, n'osaient point législativement abolir, avait
déjà reçu de notables adoucissements, quand parut,
sous les empereurs, une institution nouvelle toute
favorable aux femmes, intimement liée aux principes
du mariage libre. Nous voulons parler de la donation
à cause de noces.

Depuis longtemps, l'usage avait admis les donations
faites entre fiancés ; mais il paraît que la future épouse,
joignant à ses biens propres ceux qu'elle recevait de
son futur époux, apportait le tout à son mari comme
dot. Ces donations, Constantin les soumit à la condition tacite de la réalisation du mariage, tandis qu'au-
paravant elles ne faisaient retour au donateur, en cas
de rupture, qu'autant que ce retour avait été expressément stipulé (1). Mais, le christianisme ne voyant
pas avec faveur les seconds mariages, Gratien et

_____

(1) Constantin décida cependant que, si le mariage venait à
manquer par la faute du donateur, ou par la mort de l'un des
futurs, mais après que la femme avait donné le baiser anté-
nuptial, la donation produirait, quand même, ses pleins effets.
(C. 1. 15 et 16 de don. ant. nupt.)

Valérien décidèrent que, si la femme se remariait, elle ne conserverait que l'usufruit de la donation, dont là propriété fut alors attribuée aux enfants.

A l'époque de Théodose et Valentinien, cette donation, (*sponsalitia,*) paraît avoir pris le nom de *donatio ante nuptias*, et désigna plus spécialement la donation faite à la femme. On a voulu voir dans cette institution une véritable dot apportée par le mari. Quoique cette opinion répugne aux idées romaines, il n'en est pas moins vrai qu'il existe une analogie frappante entre la dot et la donation anténuptiale. Ainsi, comme la dot, celle-ci demeure entre les mains du mari pendant toute la durée du mariage, et c'est seulement à sa dissolution que le droit devient définitif. Ainsi encore, la convention qui permet au mari de retenir la dot, par exemple, en cas de survie, est réputée réciproque et la femme survivante peut exiger la donation. Lorsque le père et la mère survivaient à leur fille, le mari ne gagnant plus, d'après les novelles de Valentinien, que la moitié de la dot, la femme, de son côté, n'avait droit qu'à la moitié de la donation anténuptiale. Majorien voulut que la dot ne fût pas moindre que la donation. Léon et Anthémius établirent l'égalité proportionnelle dans les gains des deux époux, tant sur la dot que sur la donation. Enfin, la dot ne pouvait être constituée pendant le mariage; nécessairement aussi la donation devait le précéder puisqu'entre époux, elle n'était point valable. Justin effaça cette dernière différence. Il permit de constituer et d'augmenter la donation de la même manière que la dot (C. 19 *de don. ant. nupt.*);

dès lors, pour mettre les mots d'accord avec les choses, Justinien qualifia cette donation de donation *à cause de noces (propter nuptias)*. Avec ce prince, l'assimilation de la donation *propter nuptias* à la dot devient plus parfaite encore; il exige l'égalité numérique entre l'une et l'autre, dispense la donation des formalités de l'insinuation et rend inaliénables les immeubles qui en sont l'objet.

§ 4. Réformes de Justinien. — Jamais on ne vit les droits de la femme aussi bien garantis que sous Justinien. Cet empereur étendit à la mère l'obligation de doter sa fille, en cas d'indigence du père, conserva la distinction entre la dot estimée et non estimée, changea seulement les modes de restitution, n'autorisa que les rétentions *propter impensas* et fondit ensemble les deux actions *rei uxoriæ* et *ex stipulatu.* La dot mobilière dut être restituée dans l'année, la dot immobilière immédiatement après la dissolution du mariage ; mais, pendant sa durée, la femme avait la faculté de la réclamer si le mari menaçait de tomber en déconfiture.

A qui la dot devait-elle faire retour? à la femme; la distinction entre la dot profectice et adventice avait disparu. En outre, en cas de divorce, l'époux coupable était obligé de faire abandon à l'autre du quart de ses biens.

Comme garantie du recouvrement de sa dot, Auguste avait donné à la femme un *privilegium inter personales actiones,* c'est-à-dire un privilége qui lui faisait

primer les créanciers chirographaires du mari. Justinien trouvant cette garantie insuffisante lui accorda
en 529 (C. 30 de j. dot..) une hypothèque privilégiée
sur toutes les choses dotales; cette hypothèque lui
permit de revendiquer sa dot entre les mains de tout
tiers-acquéreur. Mais quel intérêt y avait-il pour la
femme à obtenir sur ses immeubles dotaux une hypothèque privilégiée? il semble que son *privilegium inter
personales actiones* devait suffire, puisque le mari ne
pouvait pas compromettre, par une hypothèque, le
sort de l'immeuble dotal : eh bien! cet intérêt est
cependant considérable, car si la loi Julia protégeait
la dot immobilière contre les aliénations consenties
par la volonté seule du mari, elle ne la mettait pas
plus à l'abri des hypothèques légales que des aliénations se produisant *ex causa necessaria*. L'hypothèque
privilégiée de la femme remédiait à cet inconvénient.

Au lieu d'intenter l'action hypothécaire, la femme
pouvait agir en restitution de la dot par voie de revendication. (C. 30 de j. dot..) Mais, est-ce à dire que les
objets dotaux fussent inaliénables? assurément non.
Cette revendication avait seulement pour but, croyons-
nous, de protéger la femme contre les créanciers du
mari, en la dérobant à la loi du concours, et ne
s'exerçait qu'à l'égard des meubles trouvés en nature
dans le patrimoine de ce dernier. Quant à ceux que
le mari avait aliénés, même sans le consentement de
sa femme, ils ne passaient entre les mains du tiers-
acquéreur que *salvo jure mulieris*. L'aliénation n'en
restait pas moins valable; le tiers-acquéreur n'avait

pas à craindre de revendication, seulement la femme
pouvait le poursuivre par l'action hypothécaire afin
de se faire payer la valeur des meubles dotaux aliénés.
Il en était de même des choses immobilières constituées
en dot avec estimation; mais, si, à la dissolution du
mariage, ces choses-là existaient en nature dans le
patrimoine du mari, la femme avait-elle le droit de les
revendiquer? nous ne pensons pas; car l'estimation
valant vente, le droit de la femme ne portait que sur
le montant de l'estimation. Enfin, comme le concours
de la femme à l'aliénation de l'immeuble dotal s'opposait, le mariage dissous, à l'exercice de la revendication et même de l'action hypothécaire, cette circonstance détermina Justinien à prohiber d'une manière
absolue l'aliénation du fonds dotal : il la déclara nulle,
nonobstant le consentement de la femme, tout aussi
bien que l'hypothèque. Ces dispositions, il les étendit
aux immeubles ruraux situés en province.

Le droit classique ainsi modifié, le régime dotal
change de caractère; jusqu'ici le mari avait été personnellement incapable d'aliéner. Désormais, c'est
le fonds dotal lui-même qui sera, de sa nature, juridiquement inaliénable. De cette façon, il fut impossible à la femme d'abdiquer les garanties dont la
loi entourait la conservation de sa dot immobilière;
de plus, pour lui en assurer le recouvrement, Justinien, l'an 530, frappe d'une hypothèque légale tous
les biens propres du mari (C. uniq., § 1, *de rei ux.*).

La constitution d'Anastase qui reconnaissait aux
femmes la faculté de renoncer à leur hypothèque se

trouva-t-elle donc entièrement abrogée? Non, ajoute le texte (C. uniq. § 15), elle continuera de recevoir son application en tant que la femme renoncera à l'hypothèque simple qu'elle a sur les biens du mari ou même à l'hypothèque privilégiée qu'elle a sur les immeubles apportés en dot avec estimation. C'est seulement le droit de la femme sur le fonds dotal, sur le *fundus propriè dotalis*, qui, même malgré sa volonté, ou plutôt en dépit de sa faiblesse, doit nécessairement rester intact. « Mais, *a contrario*, il ressort aussi de cette constitution, que la femme peut renoncer à son hypothèque privilégiée, en tant qu'elle porte sur les meubles dotaux (1).

Justinien ne met enfin plus de bornes à son zèle ; protecteur à outrance du patrimoine des femmes, il déclare dans la fameuse constitution Assiduis (C. 12. qui pot. in pig.) que cette hypothèque sera privilégiée, que la femme primera les créanciers hypothécaires du mari, qu'elle sera même préférée aux créanciers *antérieurs* au mariage! Cette inique disposition qui justifie si bien le surnom d'*uxorius* appliqué à ce prince, notre Code civil l'a justement repoussée, art. 1572.

---

(1) En droit français, la femme dotale étant propriétaire des biens dotaux, son hypothèque légale porte seulement sur les immeubles propres du mari. Contrairement au système de la C. uniq. § 15, notre jurisprudence reconnaît que la femme ne peut renoncer à ce droit d'hypothèque en tant qu'il lui garantit la restitution de sa dot même mobilière ; décider autrement, ce serait admettre que la dot peut être indirectement aliénée. — V. M. Tessier : *Questions sur la dot*. N° 111, et loi du 25

CHAPITRE III

Influence du Christianisme sur la condition de la femme.

———

A l'arrivée du christianisme, le culte du plaisir avait à ce point perverti le sens moral, que les plus honteux métiers, les plus ignobles bassesses étaient choses parfaitement acceptées dans la haute société romaine. Partout la volupté sans amour, le crime sans vergogne !

Le Christ arrive qui met à nu la plaie sociale et n'hésite pas à porter sur elle une main divine. Il condamne la polygamie qui amène la satiété et conduit au despotisme ; il flétrit le mariage par avarice, calcul d'argent ou d'ambition, qui endurcit le cœur et appelle l'adultère ; il combat, enfin, la tyrannie conjugale également incompatible avec la sympathie et la tendresse (1).

mars 1855, art. 9 : dans le cas où les femmes peuvent céder leur hypothèque légale ou y renoncer, cette cession ou renonciation doit être faite par acte authentique (M. Demangeat : De la cond. du fonds dotal, note.).

(1) Femmes, soyez soumises à vos maris, *comme il le faut,* en ce qui est selon le Seigneur. Maris, aimez vos femmes et ne leur soyez point fâcheux. (Saint-Paul, aux Colos. — III. 19.)

La puissance maritale ainsi régénérée, il rappelle la femme au sentiment de ses devoirs et la rend au respect de l'homme. Les époux deviennent égaux dans le mariage; leurs droits et leurs obligations sont réciproques (1).

Mais, de même qu'on voit un léger nuage errer parfois sous un ciel bleu, la félicité conjugale est aussi exposée à certaines intempéries morales. Au mari mécontent, à la femme capricieuse, la loi romaine offrait un facile divorce : époux, disait le Christ, vous avez égarez l'amour, pratiquez la charité, supportez-vous les uns les autres (2). Admirable précepte qui présente comme un idéal à poursuivre l'indissolubilité du mariage !

Mais à peine la population païenne entendit-elle la voix des apôtres vulgariser une doctrine renversant les priviléges du sensualisme et enseigner le dogme de la charité, c'est-à-dire du dévouement sous toutes ses formes et de l'amour dans ses manifestations infinies, qu'elle sentit avec un effroi mêlé de colère l'axe de la société se déplacer de lui-même. D'un accord unanime on jeta les chrétiens aux bêtes féroces.

(1) Evang. Saint-Marc. Ch. X. — Saint-Paul : Cor. XI. 11.12. — 1re aux Cor. VII. 3. 4. — Saint-Pierre 1re ép. III. 7. — Il ressort de ces textes que le mariage est un contrat entre deux êtres égaux, en vertu duquel l'homme ne peut plus dominer la femme, comme par le passé, la traiter comme un être auquel on ne doit rien.

(2) Enfin, qu'il y ait entre vous, (maris et femmes) une parfaite union, une bonté compatissante, une amitié de frères, une charité indulgente pleine de douceur et d'humilité. (Saint-Pierre 1re ép. III. 8.)

Quand l'Eglise triomphante sortit des catacombes pour s'asseoir sur le trône impérial, ses institutions, de simples coutumes, passèrent à l'état de lois. Elle les accommoda aux besoins, aux faiblesses même des peuples et s'occupa principalement des intérêts domestiques. Toutefois, dès le principe, un violent esprit de réaction qu'inspiraient, sans doute, les abus du mariage païen, poussa les fidèles vers l'ascétisme. St-Paul prêche le célibat, St-Jérôme, Tertullien et St-Grégoire de Naziance le suivent dans cette voie. Aux accents de ces fougueux champions de la virginité, Marie devint l'idole des imaginations simples et ardentes, Jésus l'époux mystique des vierges. Prêcher ainsi l'observation d'une perfection stérile, n'était-ce pas susciter, à la honte et au détriment de la famille, de bien graves désordres? St-Cyprien *(de hab. virg.)* a la douleur de le reconnaître. Cependant quelques pères toléraient les secondes noces : d'autres les traitaient d'immorales. Tertullien prétend prouver *(d. m. G.)* que la femme, en contractant une nouvelle union, commet un adultère, par la raison qu'elle n'a pas cessé d'être une même chair avec son mari ! à la faveur de ces opinions, Constantin abolit, et avec raison, les peines prononcées contre les *cœlibes et les orbi* ; les derniers vestiges des lois caducaires s'effacent enfin sous le règne d'Honorius et Théodose. Par suite d'une constitution ultérieure, la femme qui se remariait devait transmettre intacts à ses enfants, nés de la précédente union, tous les biens qu'elle avait reçus de leur père. (C. 1. 3. de sec. nupt.) Justinien (nov. 22) permit de diminuer la dot ou la donation *propter nuptias* quand il existerait des enfants issus d'un premier mariage.

Pour ce qui est du divorce, la religion chrétienne, qui le combattait par la prédication de sa morale pure et vraiment élevée, ne paraît pas en avoir interdit complétement l'usage. Le concile d'Arles, tenu en 314, conseille simplement aux jeunes époux, séparés pour cause d'adultère, de ne point se ramarier, ce qui ne constitue pas une injonction. Il s'agissait donc de limiter les cas dans lesquels pouvait s'exercer le droit de divorcer reconnu par l'Eglise d'alors. C'est ce que fit Constantin, en 331. Il n'admit que trois causes de divorce vis-à-vis de chaque époux : contre le mari, s'il était homicide, magicien ou violateur de tombeaux ; contre la femme si elle s'adonnait aux maléfices, si elle devenait adultère ou proxénète. Le concile de Nicée (325) dont les décisions devaient avoir, suivant un décret impérial, force de loi, ne blâma point cette législation. Mais il ne fallait pas compter sans les mœurs! De concession en concession la loi civile ayant dépassé les bornes fixées par Constantin, Anastase rétablit le divorce par consentement mutuel. Arrive Justinien qui abolit ce dernier mode, tout en augmentant le nombre des cas énumérés par Théodose et Valentinien ; mais il prononça une peine sévère contre celui des époux qui, par sa faute, aurait occasionné la séparation. Il ordonna, de plus, que l'on confierait les enfants à la mère quand le divorce serait imputable au mari (C. 8, 9 de rep. — Nov. XXII. 3, 18. — Nov. 117, 134, 140).

6

Avec le principe nouveau de l'égalité morale entre époux la femme prit bientôt, au sein de la famille, une place de plus en plus considérable. La tutelle, considérée comme une fonction virile, lui était encore refusée, lorsque Valentinien, Théodose et Arcadius permirent à la mère, sous certaines conditions, de gérer, à défaut de tuteurs testamentaires, celle de ses enfants. Cette prérogative, Justinien la lui accorda de plein droit, moyennant renonciation au s.-c. Vélléien, l'étendit à la mère naturelle et à l'aïeule, mais en prononça la déchéance par le seul fait d'une seconde union. Sévère et Antonin avaient appelé la mère à donner, en l'absence du père, conjointement avec le tuteur et les proches parents, le consentement au mariage de sa fille; mais, pour le mariage de son fils, elle n'était point consultée; le système des successions agnatiques s'opposait encore à cette innovation. En outre, Justinien, dans ses Institutes, confirmant un rescrit de Dioclétien et Maximien, conféra aux femmes le droit d'adoption pour le cas où elles auraient eu la douleur de perdre leurs enfants « *ad solatium liberorum amissorum.* » L'empereur Léon, généralisant cette faveur, l'étendit à celles qui n'avaient pas eu le bonheur d'être mères ou épouses.

Toute les institutions tendaient donc à s'harmoniser avec les théories régnantes. La famille ayant pour base la réciprocité des devoirs et des affections, un nouveau système successoral, fondé sur les liens du sang, vint remplacer l'antique législation des successions agnatiques. Les descendants, les ascendants puis les collatéraux, sans distinction de sexe, furent appelés à succéder, et la mère, à l'exclusion des agnats, put recueillir, sans conditions, l'hérédité de ses enfants. Quand le défunt ne laissait point de parents au degré successible, le préteur donnait aux époux la *bonorum possessio unde vir et uxor*. Justinien fit mieux ; il établit, en faveur de l'époux misérable une succession privilégiée, bénéfice que la novelle 117. V. attribuait seulement à la veuve. Celle-ci, désormais, pouvait prendre, en usufruit, le quart des biens de son mari, ou une part virile s'il y avait plus de trois enfants ; elle succédait en toute propriété, lorsqu'elle se trouvait en présence de tous autres parents (1).

Ainsi, de grands progrès se sont accomplis. La puissance paternelle a perdu ses rigueurs, la *manus* n'existe plus, la tutelle a disparu, les principes du mariage libre triomphent et la capacité de la femme est complète, dans le dernier état du droit romain. Sans prendre conseil de son mari ni de personne, l'épouse peut tester, aliéner à titre gratuit ou onéreux, poursuivre ses débiteurs, se faire payer les intérêts et capitaux à elle dûs, s'obliger, engager ses paraphernaux, en un mot, faire, sans aucun

---

(1) Moins généreuse est notre loi française : art. 767. « Lorsque le défunt ne laisse ni parents au degré successible, ni enfants naturels, les biens de sa succession appartiennent au conjoint qui lui survit. » — Espérons que cette disposition, si peu conforme à la nature du lien conjugal, sera bientôt modifiée dans un sens bien plus libéral.

contrôle, tous les actes les plus importants de la vie civile, et même les plus dangereux (1). Quant à l'application du senatus-consulte Vélléien, Justinien distingue : faite au profit d'un tiers, en vertu d'une juste cause ou avec la volonté bien arrêtée de s'obliger, l'intercession était valable, car, la femme ayant maintenant ses mœurs épurées, la raison d'être de son incapacité, fondée autrefois sur des nécessités d'ordre public, n'existait plus. Mais, comme il fallait prémunir l'épouse contre les dangers de la crainte ou les entraînements d'une fatale complaisance, l'intercession faite par elle, pour son mari, demeurait radicalement nulle et dépourvue d'effet (Nov. 134. VIII). En consacrant l'inaliénabilité de la dot, Justinien voulut enfin assurer aux enfants la conservation des biens de leur mère.

(1) Les lois romaines permettaient aux femmes de faire le commerce, mais en les déshonorant par une honteuse assimilation avec les filles de mauvaise vie. — M. Blanqui : Hist. de l'écon. polit., t. 1, p. 94. — Paul Sent... lib. II. tit. 26, § de adult.

DROIT FRANÇAIS

LIVRE II

De la condition de la Femme dans l'ancien Droit français .

CHAPITRE Ier

Période Germanique.

SECTION I. — *Des mœurs gauloises ; Aperçu historique.*

Les lois qui régirent la Gaule après sa conquête par Jules César jusqu'au démembrement de l'Empire, en 476, furent les lois mêmes de Rome, qui se composaient au Ve siècle des écrits des jurisconsultes, des codes Grégorien, Hermogénien, Théodosien et des Novelles.

Subjugués par une longue domination, les Gaulois s'étaient faits Romains, et le vieux droit celtique, peu à peu abandonné de tous, finit par disparaître. Pourtant, on se demande encore, de nos jours, si son extinction fut complète, si, en réalité, il n'exerça pas d'influence sur les institutions qui suivirent; certains lui attri-

buent volontiers une part dans l'élaboration de notre
ancien droit français. Quoiqu'il en soit, voici à titre de
curiosité sur les mœurs des Gaulois, des indications pré-
cises que nous fournit César dans ses intéressants Commentaires. Il nous représente les maris investis du droit
de vie et de mort sur la personne de leurs femmes et de
leurs enfants, puis il ajoute : quant le chef de famille
meurt inopinément *ses épouses,* soupçonnées d'avoir
attenté à sa vie, comparaissent devant les proches parents
du défunt ; ceux-ci les soumettent à la torture et, pour
si peu qu'elles soient convaincues de culpabilité, les
font périr dans les tourments (1). Des expressions même du texte, il ressort que la polygamie existait en
Gaule ; cette institution devait engendrer la plus absolue dépendance de la femme vis-à-vis de l'homme. Le
mari, descendant peut-être de quelque Tectosage de
l'Asie-Mineure, avait sans doute rapporté du côté
d'Ancyre le dogme de l'esclavage féminin ; il s'arrogeait
tous les droits. Tandis que la répudiation par l'époux
était un acte laissé à l'arbitraire du pouvoir marital,
l'épouse ne pouvait abandonner son conjoint que pour
cause physique et déterminée, par exemple, pour cause
d'impuissance ; répudiée, elle n'était pas libre de se
remarier tant que son maître n'avait pas lui-même contracté de nouvelle union. L'adultère était rare. Saisi de
certains soupçons à l'égard de sa femme, le Gaulois
la condamnait à exposer le nouveau-né sur les eaux du
fleuve ; s'il s'enfonçait, l'enfant passait pour adultérin

---

(1) Com. VI. 19.

et la mère était mise à mort. (Julien. Emp. Orat. XVI).

Malgré la dureté de ces coutumes, les Gaulois ne laissaient pas que de témoigner aux femmes un certain respect mêlé de vénération ; car celles-ci, participant aux mystérieux sacrifices du culte druidique, étaient revêtues aux yeux de la nation d'un caractère divin. Nos pères admiraient enfin l'inébranlable et fier courage qu'elles savaient montrer lorsqu'il fallait marcher à l'ennemi, à côté de leurs époux, toujours prêtes à mourir avec eux. (1)

Aussi prenait-on soin d'assurer leur existence, après la dissolution de la vie commune. Le mari et la femme, écrit César, faisaient en se mariant, une mise de fonds égale dont les fruits conservés et capitalisés devaient appartenir, pour le tout, au survivant. (Com. VI. 19).

C'était une espèce de société tontinière dans laquelle plusieurs jurisconsultes modernes ont voulu voir l'origine de notre communauté de biens ; mais, à tort, selon nous. Ce qui caractérise, en effet, l'institution gallique, c'est l'égalité des apports du mari et de la femme, la capitalisation des fruits, sans que le mari puisse en rien disposer d'aucun de ces biens, et l'attribution de tout le fonds social au conjoint survivant. Dans notre régime de communauté, au contraire, l'égalité des apports n'est pas exigée ; on distingue les biens en meubles et

---

(1) Le Germain respecte surtout dans la femme d'une part l'être qui porte le guerrier dans ses flancs, d'autre part l'être qui, par son exaltation nerveuse et ses vives intuitions, semble plus apte que l'homme à communiquer dans l'extase avec les puissances mystérieuses. H. Martin, t. 1 p. 209.

immeubles, propres et acquêts; il n'y a pas d'attribution générale du fonds commun subordonnée à la condition de survie : enfin et surtout, le mari est seigneur et maître de la communauté. Tout au plus, ce qu'il y a de commun aux deux législations, c'est le principe d'association que comportent l'un et l'autre régime. Cette singulière institution gauloise que l'on ne saurait expliquer autrement que par une conjecture, dérive, à nos yeux, de la polygamie. Puisque le mari avait plusieurs femmes, il formait avec chacune d'elles autant de sociétés particulières. Chaque société avait sa mise de fonds, son compte réglé, en sorte que, à la mort de l'un des époux, nulle difficulté ne pouvait s'élever au sujet du partage.

Maîtres de la Gaule, les Romains avaient porté si loin les bornes de leurs possessions que leurs troupes ne suffisant plus à la défense des territoires annexés, ils songèrent à se garantir contre les invasions germaniques, en faisant du Rhin la limite et le rempart de l'Empire; ils laissèrent donc les Francs s'établir, au IVe siècle, sur les rives du fleuve qu'ils étaient chargés de protéger (d'où le nom de *ripuaires*) tandis que les Francs Saliens occupaient la Belgique. Mais vainement aux Barbares l'on opposa des Barbares : ceux-ci pactisèrent entre eux. Chassés des forêts de la Germanie et des régions danubiennes par le mouvement d'autres peuples, Burgondes et Wisigoths se répandirent sur la Gaule, s'établissant les premiers au centre et vers l'orient, les seconds au midi; enfin, les Francs se fixèrent principalement au nord, les Lombards en Italie.

Quant aux Romains, expulsés du nord par la force des armes et le danger d'incessantes invasions, ils allèrent se réfugier, en masse, au midi, ce qui explique l'extinction presque complète de leur droit sur le domaine des Francs.

En fondant son royaume, chacun de ces peuples rédigea ses coutumes, et, du contact des lois germaniques et romaines naquit entre elles une lutte dont l'issue ne fut point partout la même. Dans la Gaule méridionale les lois romaines triomphèrent; les Wisigoths les recueillirent et en formèrent un Code (Bréviaire d'Alaric) qui, rédigé par une commission d'évêques et de nobles, fut publié en 506, avec force exécutoire dans tout le royaume. D'un autre côté, chez les Burgondes, le principe des lois personnelles survécut à la conquête : et si les vainqueurs restaient soumis à la loi barbare, dite loi Gombette, (rédigée vers l'an 500 par ordre du roi Gondebald,) le *Papien* régissait les Gallo-Romains résidant sur le territoire que les Burgondes occupaient. Dans le nord, au contraire, la loi Salique et la loi Ripuaire se confondirent en coutumes générales et communes pour tous les habitants, laissant à chacun d'eux ses usages locaux. Est-ce à dire que le droit romain ne pénétra point dans le nord? assurément non : car, en tout lieu, il suivait la personne et les biens des ecclésiastiques. Puis, quand Alaric, tué par Clovis à la bataille de Vouglé, eut laissé avec une partie de ses terres son code au roi des Francs, celui-ci, sous l'influence du clergé, en permit l'application aux Romains de ses Etats.

Une fois l'agitation des envahisseurs apaisée, la féodalité s'organisa. Elle ne modifia guère les coutumes que par rapport à une classe privilégiée de personnes, les possesseurs de fiefs. Mais, plus tard, au xiiie siècle, les célèbres jurisconsultes Pierre de Fontaines et Philippe de Beaumanoir fixèrent, en les discutant, les principes du droit coutumier et préparèrent ainsi une œuvre plus grandiose encore, la rédaction des coutumes. Les rois, en créant notre unité nationale, ne perdirent pas de vue cette réforme; et, dès lors, fut véritablement accomplie la séparation de la France en pays de droit écrit et pays de coutume.

Section II. — De la famille germanique.

Avec l'invasion des Barbares, les premiers éléments de notre droit coutumier pénétrèrent en Gaule. Il ne sera donc pas sans intérêt de parler des institutions que ces peuples de même origine nous ont apportées de la Germanie.

Occupons-nous d'abord de la famille : elle est la réunion de tous les parents. Dans l'attaque comme dans la défense, une étroite solidarité en rassemble les membres sous une même autorité, celle du chef. Tantôt, sous sa conduite, jouant le rôle de cojurateurs, ils vont témoigner en justice de l'honnêteté d'un des leurs indignement accusé, tantôt, ils courent venger ensemble l'outrage qui lui a été infligé.

Il y avait aussi, chez les Germains, solidarité de possession; on distribuait le sol non pas entre individus, mais entre familles. Ces peuples dont le domaine fut si longtemps précaire, (1) à cause de la vie nomade qu'ils menaient, connurent la propriété foncière dès qu'ils eurent fixé leur résidence. (2) L'apanage que donnait à ses fidèles compagnons le chef conquérant devint alors une possession dont le père de famille eût la garde, qu'il dût gérer au nom de tous les siens et transmettre à ses héritiers. Cette possession *(terra salica, allum, bonum paternum, avitum)* fruit de la conquête, revêtue d'un certain caractère public, dût être conservée par les armes; et comme la charge du service militaire y resta constamment attachée, les femmes se virent exclues de sa succession. Pour la même raison et par une large interprétation de la loi salique, on les tint aussi éloignées du trône. Elles n'héritaient que des objets mobiliers, des troupeaux et des autres acquisitions de même nature : les ornements propres à leur sexe (3) leur appartenaient exclusivement. Toutefois, après que les Germains eurent adopté l'usage du testament, il fut possible d'appeler aussitôt les femmes au partage de tous les biens, même de l'alleu.

En ces temps de civilisation peu avancée, où la force

---

(1) César. Comm. vi. 22. — Tacite. de mor. Germ. xxvi.

(2) On a vu que les Romains firent, au 4e et 5e siècles, des concessions de terres aux Francs sous la double obligation de cultiver le sol et de défendre l'Empire. Clovis étendit leurs possessions; les vainqueurs se partagèrent alors les domaines abandonnés et ceux du Fisc impérial. Telle est l'origine de la terre Salique chez les Saliens, des alleux ou biens paternels et avitins chez les Ripuaires.

(3) Loi des Burg; tit 51. iii; 1. § 3.

était seule capable de faire respecter le droit, il n'est pas étonnant de voir, chez ces peuples guerriers, incomber aux mâles la fonction de défendre et de protéger, non-seulement le patrimoine commun, mais encore les êtres les plus faibles de la famille, la femme et les enfants. Quel que fût leur âge, les filles se trouvaient placées sous la puissance (*mundium*) (1) du père, du frère, ou à leur défaut, du prince, et l'épouse sous celle de son mari ou de ses propres héritiers. Celui qui était investi de cette puissance, le *mundoaldus*, exerçait, en fait, une véritable tutelle sur les biens de ces personnes; responsable de leurs actes, il touchait, en revanche, la *composition* (2) due à la femme ou aux enfants, et avait sur eux droit de correction.

Le *mundium*, qui diffère essentiellement de la *patria potestas* et de la *manus*, est d'institution purement germanique. Le chef de famille n'a pas, en effet, en Germanie comme à Rome, un droit absolu sur les personnes et les choses; ceux qui sont soumis à son autorité ont des droits propres et en conservent la jouissance; le *mundoaldus* ne peut aliéner leurs biens. Dès que le fils est en état de porter les armes, à l'âge de quinze ans, d'après la loi salique, il prend l'exercice de ses droits et dégage le père de sa responsabilité. Quant à la fille, toujours incapable de se défendre, elle était condamnée à vivre en tutelle perpétuelle.

---

(1) Du mot saxon, *mund* tutelle, protection.

(2) La composition, *Wergeld*, c'était le prix de la vengeance ou l'indemnité due par le malfaiteur à sa victime.

SECTION III. — *Du mariage et des biens de l'épouse; effets du* MUNDIUM.

En mariant sa fille, le père transférait au mari le *mundium* qu'il avait sur elle; mais, le *mundium*, entraînant certains avantages pécuniaires, le fiancé devait, pour l'obtenir, en payer un prix qui consistait primitivement en cadeaux. Selon Tacite, le futur beau-père recevait des bœufs, un cheval bridé, un écu avec la framée et le glaive. Cet usage a fait dire, non sans raison, que le mari achetait sa femme : juridiquement, cela n'est pas tout-à-fait exact; mais, en réalité, c'est vrai, puisqu'on ne peut concevoir le mariage indépendamment du *mundium*, et que l'un est inséparable de l'autre. « Celui qui veut prendre une femme pour épouse, lisons-nous dans la loi saxonne, doit payer à ses parents un prix nuptial de 300 sous d'or » (1). Le mariage étant un achat,

---

(1) Loi des Saxons. tit. 6.

Peut-il résulter du *mundium* que la femme fut achetée, alors même qu'elle aurait été affranchie du rapt et de l'enlèvement? Pour justifier l'affirmative de cette proposition, M. Kœnigswarter (*Etude hist.*, Revue de législ. T. XVII p. 393 et *Dével... de la société hum* 1. 1849, p. 145, même Revue.), invoque la loi des Saxons. L'art. 6. de la même loi : *De conjugiis*, le § 3 du titre 7: *de hered et vid.*, et le titre 9: *de raptu mul.* — L'intelligence de ces textes est subordonnée au véritable sens du mot *emere* et des mots *pretium emptionis ;* d'après Ducange, ces expressions signifient : *prendre à ferme.* Dans un sens plus large, *emptio* veut dire *in-*

il en résulte que le père n'avait pas à obtenir le consentement de la fille pour la marier. Le christianisme adoucit la rigueur de cette logique; une constitution (en 560) défend aux parents de marier leurs filles *viduæ vel puellæ sine ipsarum consensu,* sans les avoir consultées. Un capitulaire de 557, contient une disposition analogue. Les femmes, dès ce moment, furent appelées à prendre part à la *composition* du rapt et au prix du *mundium* (1); finalement, elles le touchèrent en totalité. On ne paya plus aux parents qu'un sou d'or, en témoignage de leur autorité; leur consentement resta nécessaire. Si on négligeait de le demander, le ravisseur devait payer un *wergeld* considérable au

demnité. Les mots *pretium emptionis* correspondaient au montant d'une *indemnité*; appliqués à la somme donnée par l'époux, au père ou au tuteur ils représentaient la compensation de la perte que l'un ou l'autre faisait par le passage dans une autre famille de la fille où même de la femme dont ils avaient la tutelle, qui entraînait avec elle la jouissance de leurs biens.

M. Eug. Bimbenet, dans la Revue critique (T. 21. p. 260 et suiv.) s'attache à démontrer que les mots *emere, emptio, pretium, emptionis*, ne peuvent pas signifier *acquisition* ou *achat, prix d'achat:* ils veulent dire *jouir des biens*, *prix de la jouissance des biens.* — Quoi qu'il en soit, ils finirent avec le temps par avoir cette signification; il n'en est pas moins vrai que ces termes impliquent une idée d'*achat.*

(1) Ce prix du *mundium* se trouve dans toutes les coutumes d'origine germanique; il est appelé *ceap, scaeff, gyft* dans celle des anglo-saxons; *mondschet* dans celle des prisons; *pretium nuptiale, wittemon* chez les Burgondes; *dos, arrhæ,* chez les Wisigoths; *sponsalitium, meta* chez les Lombards. La loi salique ne parle que du prix de la veuve (*reipus*).

père (1) ; car celui-ci avait conservé tous ses droits
sur sa fille.

Dans le mariage, on distingue, en droit germanique, deux cérémonies. La première porte le nom
de fiançailles *(sponsalia)*. Elle avait lieu au jour
où se réglaient les conventions matrimoniales. Une
fois le prix payé, il n'y avait que de très-graves
motifs qui pussent délier les fiancés de leur promesse réciproque (2). Le futur ne possédait pas, il
est vrai, le *mundium* avec ses pleins et entiers
effets, mais, à tous autres égards, on assimilait aux
époux les fiancés. Telle est, en effet, l'importance
des *sponsalia* que celui qui se mariait avec la fiancée d'un autre devait la rendre à ce dernier, ou bien
lui payer un *wergeld* (3). Une dernière formalité,
la tradition solennelle de la femme par ses parents,
faite, *in mallum*, devant l'assemblée du canton,
parachevait le mariage.

En quoi consistaient les biens de l'épouse ? nous
avons déjà nommé la dot : elle n'est autre chose que la
meta, le prix du *mundium* transformé. Le mari, nous
dit Tacite, donne une dot, et en échange de ces présents, reçoit son épouse (4). Cette dot, la femme

---

(1) Loi des Burg. : tit. 12., tit. 14. III. — Loi des Saxons,
tit. 6. II.

(2) Loi salique, tit. 70.

(3) Il varie suivant les lois ; celle des Burgondes le fixait au
double de la *meta*.

(4) Tacite. De morib. Germ. XVIII ; M. Bimbenet critique
cette assertion ; V : Rev. critiq.; loc. cit.

la conservait en toute propriété, à titre de patrimoine propre; il était loisible au mari d'en fixer la quotité (1), mais il ne pouvait se dispenser de la donner ; car, sans dot, pas de coemption, pas de *mundium*, donc pas de mariage légitime (2). D'un autre côté, le père, en mariant sa fille, lui délivrait certains biens, tels que des objets mobiliers, des troupeaux, et plus tard des terres, en avancement d'hoirie. Ces propres, (qui s'appellent *Faderfium* chez les Lombards et chez les Anglo-Saxons, *Maritagium* dans les diplômes du moyen-âge, *mariage avenant* dans les coutumes françaises,) ne constituent pas avec la dot l'entier patrimoine de la femme : ajoutons-y le Morgengabe, *(pretium defloratœ virginitatis)* véritable cadeau de noces que gagnait l'épouse, au moment où, pour la première fois, elle avait le bonheur de s'éveiller à côté de son époux. Cette curieuse institution témoigne et de la pureté des mœurs des premiers Germains et de l'honneur attaché à la vertu, disons le mot, à la virginité des femmes qu'ils épousaient. Le *morgengabe* est une donation volontaire, constituée en usufruit sur une quotité déterminée des biens présents et à venir du mari, que celui-ci offrait à sa femme, le lendemain matin de son mariage; la propriété, de ces biens appartenait aux enfants et autres héritiers du donateur. Ce

(1) Mais la loi des Lombards la limite à 300 solides. VI. S. 35.

(2) Il y avait alors concubinat, mariage de la *main gauche*, depuis appelé morganatique : de même quand un homme épousait une femme d'une condition inférieure à la sienne.

gain de survie était généralement exclusif de tout autre droit de succession ; ainsi, chez les Lombards et les Saxons, la loi ripuaire laissait à la femme la faculté de prendre soit le tiers des acquêts soit le *morgengabe*. Aussi pourrait-on dire que les lois des Saxons et des Francs, combinant le principe même du *morgengabe*, la consommation du mariage, avec les effets de l'union conjugale, à savoir l'association des époux et leur collaboration commune, firent d'une pure libéralité un droit aux acquêts en faveur de la femme (1). Ainsi se dessinent les premiers linéaments de la communauté : que la condition de survie se transforme en un droit pur et simple avec partage égal des acquêts entre les époux, et notre régime de communauté sera fondée.

A la mort du mari, la femme avait donc à retirer : 1° sa *dot*; 2° le *faderfium*, à moins que les besoins du ménage ne l'eussent absorbé; 3° le *morgengabe*, à titre de donation, ou de succession, et même cumulativement avec les droits successoraux que lui donnaient sur tous les biens du mari la loi des Burgondes et celle des Bavarois, probablement inspirées toutes les deux par les Novelles de Justinien. (2)

Par son convol à de secondes noces, la veuve perdait le bénéfice de ses gains matrimoniaux : (3) celui

---

(1) V. M. Ginoulhiac. loc. cit. 2° partie chap. IV.

(2) V. Histoire du droit romain au moyen-âge ch. IX. § 30 par M. de Savigny.

(3) Loi des Burg. Tit. 24. L. 2. 62.

qui l'épousait avait à payer aux parents du premier
mari le *reipus*, prix du *mundium*, fixé à trois sous
d'or et un denier. Elle, de son côté, leur abandon-
nait une partie de sa dot et le lit nuptial; car la loi
voulait que la jeune fille obligée en prenant un époux
de concentrer en lui toutes ses affections restât fidèle
à sa mémoire. Il est vrai que les femmes trouvaient
dans le mariage de sérieuses garanties de bonheur et
de considération. « Les Germains, n'épousent qu'une
femme, dit Tacite, et si quelques nobles, en très-petit
nombre, s'écartent de l'usage national, la passion
n'est pas leur mobile; ils cèdent à l'empressement
des familles influentes qui tiennent à s'allier avec
eux. » D'ailleurs, par son mâle courage, sa vertu, sa
beauté, la femme s'imposait au respect, à l'admiration
des hommes, et cette union d'un être aussi estimé
avec un maître aussi jaloux de ses droits et de son
honneur que le Germain, ne connaissait point de
désordre conjugal. Le mari qui accusait témérairement sa femme d'adultère, perdait le mundium; mais,
si elle était coupable, il la chassait toute nue, les che-
veux coupés, dans les rues de la ville, où chacun la
fustigeait et la couvrait de boue. Rares étaient aussi
le divorce et la répudiation, dont plus tard les rois
mérovingiens firent un si scandaleux abus. Admirons
les efforts de l'Eglise d'alors qui essayait de faire du
mariage un sacrement indissoluble : les conciles, puis
les capitulaires proscrivirent le divorce. Il ne disparut
pourtant, d'une façon complète, qu'au xiie siècle pour
faire place à la séparation de corps.

Chez les Germains, un des rameaux de la race
arienne, la condition de la femme dût être ce qu'elle
fut à peu près partout. Les peuples de commune origine
obéissent aux mêmes traditions. A l'homme, la puissance, le commandement et l'autorité; à la femme, le
devoir d'obéissance et de soumission. Malheur à celle
qui se rendait gravement coupable envers son mari ;
elle commettait un crime de lèse-nation, puni de
mort. Mais le mari qui avait injustement tué sa femme
n'était, lui, frappé que d'une simple amende. Les capitulaires, en le déclarant déchu, en pareil cas, de ses
droits sur le *morgengabe* et le *faderfium*, le soumi-
rent aussi à l'obligation de faire pénitence publique,
après avoir déposé les armes.

Rien ne marque mieux la dépendance de la femme
vis-à-vis de son mari que le nom de *dominus* (mon-
seigneur) dont elle l'honorait, tandis qu'elle ne recevait de sa part que celui *d'oncilla* (servante). Sous
aucun prétexte, elle ne pouvait se séparer de son époux
qui, au contraire, avait le droit de la répudier. Le
mari jurait et témoignait pour elle, en justice : la voix
de l'homme était seule écoutée. Etrange conséquence !
de la supériorité physique de l'un, dérive l'incapacité
civile et morale de l'autre.

Malgré cela, l'autocratie maritale est un fait que les
lois barbares ne songèrent jamais à élever à la hauteur
d'une institution despotique. Un sentiment chevaleresque avait pénétré l'âme généreuse et poétique des
fiers guerriers du Nord. Le *mundium* ne fut pas empreint
du caractère exclusivement égoïste de la *manus* ro-

maine... Fondé sur la nécessité sociale imposée au plus fort de prêter son appui au plus faible, le *mundium* devint surtout une puissance tutélaire, un droit ayant pour corrélatif des devoirs. Grâce à ce rôle protecteur que l'homme s'est toujours attribué, et dont par intérêt il n'a jamais voulu se dessaisir, le mari avait sur la personne et sur les biens de sa femme une autorité presque absolue, mais non sans bornes. S'il s'appropriait, en sa qualité d'administrateur les fruits du bien conjugal, il ne lui appartenait pas d'aliéner les biens propres de sa femme, sans le consentement de celle-ci.

Quant à l'épouse, privée du libre exercice de ses droits, elle ne pouvait disposer de ses meubles ou de ses immeubles sans l'intervention du mari qui, pour la relever de son incapacité personnelle, devait l'assister ou l'autoriser dans tous les actes judiciaires ou extrajudiciaires. Le *mundium* peut donc être considéré comme l'origine de notre puissance maritale actuelle. (1)

---

(1) *Jubemus ut maritus ipse, facultate ipsius mulieris, sicut in eam habet potestatem, ita et de rebus suis habeat, Lex Burg..*, Add. I. Tit. xiii. — Art. 210 des Lombards.

CHAPITRE II

Période féodale et coutumière.

Section I. — *Influence du régime féodal sur la condition de la femme.*

Chez les Germains, nous l'avons vu, une véritable propriété foncière n'avait pas tardé à se constituer au profit de la famille, sur le sol de la conquête, que, sous le nom d'alleu, de terre salique, on avait reconnu, de bonne heure, transmissible par les mâles, de génération en génération. Plus tard, les rois mérovingiens continuant les traditions germaniques partagèrent entre leurs leudes ou fidèles ce qu'ils avaient conquis de terres en Gaule, dans le but de retenir ces indispensables auxiliaires autour d'eux. Mais, à la différence de l'*allum*, cette attribution de propriété n'avait aucun caractère public : elle était faite à l'individu et non point aux familles; la femme, pendant le mariage participait pour un tiers à ces sortes de libéralités du prince. Ces biens furent les acquêts. Bientôt, en imitation d'un procédé suivi par l'Eglise, les rois de France imaginèrent de faire à leurs compagnons d'armes, avec les terres du fisc, des concessions viagères, à charge de service militaire. A partir de Charles le Chauve, il fut permis, au moyen de clauses insérées dans les actes de concession, de transmettre les biens donnés, d'abord aux descendants, puis à certains héritiers déterminés. On arriva progressivement, de la sorte, à établir des fiefs héréditaires à la place des bénéfices viagers.

Quand [les grands eurent ainsi obtenu l'hérédité des bénéfices, l'autorité centrale diminuée perdit de sa force, et l'affaiblissement général de la royauté, succédant à la puissante agitation du règne de Charlemagne, amena l'indépendance des seigneurs. Ceux-ci, jaloux et ambitieux, entrèrent en lutte les uns contre les autres; il ne fallut rien moins que l'apparition inattendue d'un impitoyable et terrible ennemi, Louis XI, pour faire cesser leurs querelles et les replacer sous le joug. Pendant ce temps, les petits propriétaires exposés sans défense au danger de ces rivalités perpétuelles et de ces guerres intestines, avaient senti le besoin de prendre fait et cause pour l'un des adversaires; ils étaient venus se grouper en masse autour des châteaux forts et y établir leurs demeures, en achetant la haute protection du seigneur par l'hommage de leurs alleux. Aux ixᵉ et xᵉ siècles, on ne voyait que très-peu de terres libres : presque toutes avaient été inféodées. Cet état de choses eût son influence sur les mœurs : les lois autrefois personnelles devinrent territoriales. Il ne fut plus question de Francs ou de Burgondes; on ne connut que des hommes de telle coutume ou de telle chatellenie.

Assurer le service des fiefs en les confiant à des guerriers capables de les défendre, fut une des premières nécessités du régime féodal, aussi le droit des mâles est-il justement proclamé; celui-là seul qui devait remplir les charges du fief et perpétuer, avec le nom, l'éclat de la race réunissait en ses mains tous les priviléges, toute la puissance, toute la fortune de la famille. Par le droit d'aînesse les biens nobles s'accumulaient sur sa tête avec défense de les aliéner, si ce n'est en cas de nécessité absolue (1) et du consentement de l'héritier.

Il suffisait de doter les filles pour les exclure de la succession paternelle, et souvent un *chapel de roses* constituait toute leur dot.

Telle est l'origine de cette puissante organisation de l'aristocratie foncière.

En vertu des exigences du service féodal, le plus proche héritier du fief que possédait un mineur en avait l'administration par droit de *bail* ou *garde noble*. Le baillistre avait pour devoir d'assurer au seigneur la prestation des charges du fief, de subvenir à l'entretien et à l'éducation du pupille auquel il devait conserver sa terre franche et quitte : en revanche, meubles, fruits et revenus étaient les bénéfices du *bail*. Quant à la personne du mineur, on la confiait aux plus proches parents, dans la crainte que les baillistres « ne voulussent plus la mort des enfants que la vie, pour la terre qui leur eschoirait. » Seuls le père et la mère avaient à la fois, dans le bail naturel, l'administration des biens et la garde personnelle de leurs enfants. (2) Car la puissance sur la personne, le *mundium* ou

(1) Anciens usages d'Artois. Tit. xxiv.

(2) Assises de la haute cour, ch. 173.

mainbournie suivant l'expression de nos vieux auteurs coutumiers, produit cet effet que le *mainburnissière* est, de plein droit, investi de la propriété de tous les meubles et conquêts de son descendant, à la charge d'en payer les dettes. C'est là une conséquence de la puissance paternelle.

Il ressort de cette notion de la garde noble que l'idée du *mundium* avait passé dans le droit féodal; mais le seigneur, s'il conserva comme un attribut du pouvoir cette puissance sur la personne incapable de porter les armes, la revêtit vis-à-vis de la femme d'une certaine brutalité. A la mort de son père, la fille unique du vassal, devenant titulaire du fief, tombait sous la garde noble d'un homme absolument étranger à sa famille, sous la tutelle du suzerain qui, en représentation du service militaire, retenait la jouissance de ses biens ou la cédait au chevalier qu'il appelait à acquitter les diverses charges du fief. De là, naquit pour le seigneur un droit vexatoire, celui de choisir et d'imposer un époux à sa pupille afin que, par le mariage, le fief ne passât point dans des mains hostiles « *per eo qué les heirs femelles de nostre terre ne se maryassent à nos ennemis* » (1). C'est dans les termes suivants que le suzerain faisait *semondre* sa vassale de prendre parti entre les trois barons qu'il lui désignait : « *Dame, je vous euffre de par Monseignor tel* (et les nome) *trois barons tel et tel* (et les nome) *et vous semons de par Monseignor que par devant tel jour* (et motisse

(1) Statutum Mestonense, C. VIII.

le jour) *aie pris l'un des trois barons que je vous ay només... et enci li die par trois fois.* » (1) La fille du serf ou du vilain n'était pas mieux traitée, car le main-mortable, exclu des nobles fonctions militaires, n'en devait pas moins au seigneur de grands services de corps et de bras. Exemptée par son sexe de ces corvées, la vilaine, comme la fille du chevalier, vivait sous la rude autorité du suzerain qui jouissait ainsi de son bien et disposait de sa main. Mais arriva un temps où les seigneurs devenus besoigneux vendirent à la vassale le droit de se choisir un époux. Ici apparaît une flagrante iniquité, un odieux abus de la force que la grossièreté des mœurs ne parvient pas à excuser, nous voulons parler du droit du seigneur, ou de *mar-quette.* Les malheureuses filles pauvres, hors d'état de payer le prix, souvent très-élevé, que le seigneur mettait à l'autorisation de leur mariage, se trouvaient dans la cruelle alternative ou de rester célibataires ou de sacri-fier au caprice impur d'un tyran la première nuit de leurs noces. Ne remuons pas les souillures de ce passé monstrueux, qui a laissé dans les populations de nos campagnes un si profond sentiment de terreur.

Aux premiers jours de la féodalité, l'esprit public sommeillait encore dans les ténèbres de la barbarie; mais les signes précurseurs de son réveil s'annoncè-rent de bonne heure, et, au XIIᵉ siècle, toutes les con-jurations jusque-là étouffées triomphèrent avec l'in-

(1) Assisos de Jérusalem. Cap. 242. Ap. Dugange. Vᵒ Mari-tagium.

surrection communale. De l'affranchissement des serfs
et des vilains naquit la bourgeoisie, classe intelligente
et laborieuse, qui, s'élevant contre les prétentions de
la noblesse, devait en amener la chute. Si l'idée libé-
rale s'était fait jour grâce à l'exagération même du
système féodal, une autre cause favorisa aussi ses progrès ; nous voulons parler des croisades.

Les seigneurs, à leur retour de Palestine, pour la
plupart ruinés, se virent obligés, afin de se procurer
des ressources, de mettre à prix le rachat des rede-
vances féodales. Ces prestations pécuniaires, en dé-
montrant l'inutilité d'un régime tout au plus accepta-
ble dans sa première forme, achevèrent de le détruire.
Du jour, en effet, où, moyennant finances, les vassaux
purent s'exempter du service militaire, la féodalité
n'eut pas longtemps à vivre.

L'aptitude au métier des armes n'étant plus une
condition indispensable de la possession du fief, la
femme n'eût plus besoin de représentant ; elle conserva dès lors la jouissance en même temps que la
pleine administration de ses biens. La garde noble
disparut, en principe, et, avec elle, le droit pour le
seigneur de nommer un époux à sa vassale.

Malgré cela, le seigneur ne continua pas moins à
vendre son consentement au mariage ; mais, ce consentement, la fille pauvre put enfin l'obtenir en offrant
à son suzerain le *plat nuptial*. Cet impôt consistait
en une bouteille de vin, en poulets, et en quartiers
de mouton ; le sergent du seigneur, suivi de ses chiens,
le prélevait souvent en nature à la table de noces.

Poussons jusqu'au bout la logique des choses : de ce que la femme est admise à jouir elle-même de son fief et à l'administrer, il faut qu'elle ait aussi toutes les prérogatives de cette jouissance; elle les eût en effet. Recevoir l'hommage de ses vassaux, dicter des lois, rendre la justice, lever des troupes, signer des traités, en un mot, tous les priviléges de la souveraineté devinrent l'apanage du droit absolu de la femme sur ses biens. Il n'y a pas jusqu'au droit d'aînesse, qu'à défaut de mâles, les coutumes n'aient donné aux filles (1).

Si, tout d'abord, l'on avait refusé à la femme l'exercice du droit de souveraineté, c'est qu'elle se trouvait dans l'impossibité de conquérir ce droit et de le défendre par la force des armes; de là, son incapacité civile. Mais dès que le fief ne repose plus sur la pointe d'une épée, le *mundium* disparaît, la tutelle perpétuelle cesse, la capacité de la femme, fille ou veuve, s'affirme et se développe d'une façon complète ; et alors, de l'union du droit de souveraineté et du droit de propriété, des droits civils et des droits politiques, union qui avait, dès le principe, consacré les priviléges de la masculinité, naît l'égalité juridique des deux sexes. Dorénavant, la femme, hors du mariage, put vendre, plaider, cautionner la dette d'autrui et faire sans le secours d'un tuteur, tous les actes

---

(1) Etablissements, ch. IX. « Gentilhoms se il n'a que filles tout autre tant prendra l'une comme l'autre. Mais l'aisnée aura les héritages en avantage et un coq se il est, et se il n'iest un sol de rente et guerra aux autres parage. »

de la vie civile; son témoignage fut aussi reçu en justice malgré la doctrine contraire du droit canon qui s'y opposait.

Ce triomphe de l'esprit nouveau sur les lois oppressives de la féodalité, les mœurs elles-mêmes, sous l'influence de l'esprit chevaleresque, ne l'avaient-elles point préparé? Voilà qu'un jour, aux portes du manoir, s'arrête, la mandoline au col, un poète voyageur. A la jeune fille lasse de vivre prisonnière dans le castel, à la jeune épouse livrée à la merci d'un inconnu qui pouvait l'opprimer, la flétrir, la claquemurer dans un donjon sans que l'écho de ses plaintes parvint jusqu'au dehors, à ces nobles captives qui le remercient du geste et du regard, le poète compatissant vient apporter une chanson d'espérance et d'amour. Partout, le jongleur chante ce qu'on n'ose dire; ses accents exhalent les soupirs de la femme vers la liberté. Les sympathies se réveillent aussitôt et l'homme généreux, endossant la cote d'armes et le haubert, met au service de la femme l'épée qui, naguère, servait à l'opprimer.

La courtoisie chevaleresque, épanouie sous les rayons éclatants de la civilisation méridionale, a pénétré les barbares contrées du nord y apportant sur les ailes de Tibule, de Properce et d'Ovide les sentiments délicats et généreux que la société arabe, venue d'Espagne, avait répandus sur le sol de la Provence. Vainement l'aristocratie féodale reprochait-elle aux mœurs provençales de favoriser l'émancipation du sexe; vainement essaya-t-elle de les repousser. Eclate la croisade

contre les Albigeois; les populations se mêlent, trou-
vères et troubadours, poètes et chevaliers s'attachent
à la glorification de la femme et d'un concert unanime
proclament tous son autorité.

La féodalité, ainsi affaiblie, ne résista pas aux derniers coups du mouvement politique : mais il semble
qu'après sa chûte, quand Louis XI eût réduit tous les
fiefs à l'état de simples patrimoines, l'ère des revendications des droits de la femme dût être close. Il n'en
est rien : une puissante noblesse restait debout, jalouse
de son éclat et de ses priviléges : elle consacra tous ses
efforts à maintenir par le système des substitutions
indéfinies et l'affermissement du droit d'aînesse le
prestige qu'elle était menacée de perdre. La renonciation
des filles à la succession paternelle, par contrat de
mariage, ne cessa point d'exister en fait; car il importait à l'existence de cette vaste aristocratie foncière
d'empêcher, de toutes manières, fallût-il sacrifier l'individu à l'orgueil de la race, le morcellement des
héritages.

Ce n'est donc pas de ces privilégiés de haut lignage
qu'il fallait attendre le sacrifice de leurs ambitions,
et l'on sait que cette noblesse, jadis glorieuse, vécut
trop longtemps encore; amollie par le luxe et l'oisiveté,
frivole et décrépie, bigote et vicieuse, elle vint échouer
sous les coups de la Révolution qui détruisit les abus
et proclama l'égalité civile des deux sexes.

Section II. — *De la puissance maritale; incapacité de la femme mariée.*

Malgré ce que nous avons dit plus haut, la tutelle des femmes ne disparut pas en entier. Quand la fille ou la veuve se mariait, sa capacité s'évanouissait aussitôt. Le mari était resté vis-à-vis d'elle ce qu'il n'avait jamais cessé d'être, un véritable tuteur féodal. C'est lui qui représentait sa femme en justice, qui administrait ses biens et en avait l'usufruit. Inconnue dans les pays de droit écrit où régnaient les institutions romaines, cette puissance maritale survécut au naufrage de la féodalité, passa dans le droit coutumier et se retrouve aujourd'hui dans notre code civil. Toute femme franche, marquise ou princesse, noble ou roturière y était soumise, car, au dire de Lebrun, une distinction serait frivole. « *Femme mariée ne peut être en garde ou administration d'autre que de son mari* (1) » « *par mariage, les enfants sont mis hors la maison de père et de mère.* (2) »

Baillistre, ou *mainburnissière,* c'est-à-dire tuteur noble ou tuteur roturier, le mari réunissait en ses mains toutes les charges et tous les droits de la mainbournie. Quoiqu'en aient dit les auteurs, la puissance maritale n'est donc autre chose que la puissance paternelle que le père, en mariant sa fille mineure, transmet à l'époux. Quant à la fille majeure, elle était censée renoncer, en contractant mariage, au bénéfice de

(1) Jean Desmares; Décisions; 290.
(2) C'est en ce sens que le mariage émancipe. id. Décis. 236.

l'émancipation qui résultait pour elle de sa majorité, soit de l'union conjugale ; et, la famille n'ayant qu'un chef, le mari devenait à la fois le tuteur de sa femme et de ses enfants.

Au nombre des effets de la puissance maritale on distingue d'abord le droit de correction.

« Peuvent les hommes être excusés des griefs qu'ils font à leur femme, ni ne s'en doit la justice entremettre, car il loist bien à l'homme battre sa femme sans mort et sans mehaing quand elle meffet, si comme quand elle est en voie de faire folie de son corps, ou quand elle dément son baron (mari noble) ou maudist ou quand elle ne veut obéir à ses resnables commandements que prude femme doit faire (1). Ainsi la femme devait obéissance et fidélité à son mari ; l'oubli de ce devoir entraînait pour elle les plus rudes châtiments, la mort elle-même, dans le cas de flagrant délit d'adultère. Les mœurs de la chevalerie adoucirent, il est vrai, la cruauté de cette législation, mais que ne devait point souffrir une femme, en ces temps de barbarie, sous l'autorité d'un homme brutal ! La loi venait-elle au moins à son secours ? oui ; mais le mari avait beau jeu, car *moult doit prode femme soffrir et endurer avant quelle se mette hors de sa compaignie.* » La séparation de corps n'était qu'un remède à d'extrêmes douleurs. Et d'ailleurs, comment la femme aurait-elle pu se plaindre des mauvais traitements que lui infligeait son mari ? celui-ci était, au dire de d'Argentré, responsable de

_____

(1) Beaumanoir, Ch. LVIII, § 6.

la mauvaise conduite de son épouse. Car la femme n'a
ni valoir ni noloir. » (C^{me} d'Arras.) — Cela nous amène
à parler de son incapacité.

Les premiers monuments du droit coutumier nous
représentent la femme mariée comme frappée d'une
incapacité générale. Assimilée au mineur, elle ne peut
valablement faire aucun acte judiciaire ou extrajudiciaire sans être assistée ou autorisée de son mari ; elle
ne peut ni contracter, ni ester en jugement, ni même
tester (1). Il en est ainsi après le xe siècle, dans toutes
les coutumes, et ce sont les plus nombreuses, qui ont
conservé les effets et le nom du bail ou de la mainbournie. Certaines se contentent, sans poser explici-
tement le principe de la soumission de la femme au
mari, d'en indiquer les conséquences ; de ce nombre
est la coutume de Paris. La femme, dit l'article **223**,
ne peut ni vendre, ni aliéner, ni hypothéquer ses héritages sans l'autorisation de son mari ; elle ne peut ni
contracter, ni s'obliger (art. **223, 224**). Elle est frappée
d'une incapacité générale. La femme ne pouvait donc
pas valablement répudier une succession ni la recueillir,
pas plus qu'accepter une donation même exempte de
charges, ni donner quittance, ni s'obliger, fût-ce par
quasi-contrat, par exemple en qualité de mandataire,
sans l'autorisation maritale.

Cette règle souffrait pourtant quelques exceptions.
La première est relative aux testaments. On se fonda

---

(1) V. Beaumanoir et Assises de la Cour des Bourgeois ch.
106, 116, 117. Et. Coutumes d'Artois, de Bourgogne, de Bretagne, de Normandie, du Nivernais, etc.

pour soustraire les femmes à la nécessité de l'autorisation, en matière testamentaire, sur ce que les effets
des actes de dernière volonté ne se produisent qu'à la
mort de la testatrice, alors que celle-ci a complétement
cessé d'être sous la domination de son mari. D'ailleurs
le testament n'est pas un contrat.

La seconde exception à la règle de l'autorisation
maritale concerne l'épouse marchande publique;
comme telle, cette dernière, une fois habilitée à faire
le commerce, pouvait parfaitement s'obliger, sans avoir
besoin, pour contracter chacun des engagements relatifs
à son négoce, d'obtenir une autorisation spéciale.

Quant à la femme séparée de biens, l'article 224
(Cᵐᵉ de Paris) lui laissait la capacité de contracter, dans
les limites seulement de l'administration de ses biens.

La femme s'obligeait enfin par ses délits et quasi-
délits. Toutes ces exceptions, les rédacteurs de notre
code les ont admises.

L'autorisation maritale avait pour effet de relever la
femme de son incapacité. Elle devait être spécialement
donnée pour chaque acte judiciaire ou extrajudiciaire
toute autorisation générale étant nulle; car il était d'ordre public que le mari n'abdiquât pas sa puissance. Le
simple consentement ne pouvait tenir lieu d'autorisation;
celle-ci, en effet, rappelant assez *l'auctoritas tutoris*
était un acte d'autorité destiné à habiliter un incapable.
Le consentement n'a pas une telle portée; il se borne à
permettre, à laisser faire. Ainsi, loin de conférer au mari
aucune capacité qu'il n'ait déjà, la femme qui lui accorde
son consentement pour disposer d'un bien à elle propre,

8

ne fait que lui donner le soin d'aliéner un immeuble
dont il n'est point propriétaire. Voilà pourquoi le consentement ratifie l'acte une fois fait. Mais l'acte consenti
par un incapable, étant nul, ne saurait être ratifié par
l'autorisation subséquente; on ne ratifie pas ce qui
n'existe point. Aussi l'article 223 de la C^me de Paris
exigeait-t-il que l'autorisation maritale fût expresse, formelle, antérieure à l'acte ou tout au moins exprimée au
moment même de son accomplissement. Moins rigoureux, notre droit civil admet l'autorisation tacite et le
concours du mari dans l'acte en produit les effets.

Quelle est la sanction du défaut d'autorisation? L'acte
fait par la femme non autorisée était réputé de nulle
valeur. Mais, comme au xiiie siècle, le trait caractéristi-
que du *mundium* marital c'est l'intérêt exclusif de
l'époux, il appartenait au mari seul de faire prononcer
la nullité de cet acte : la femme ne pouvait la demander
qu'après la dissolution du mariage, pendant un an et
un jour. Ce délai passé, il y avait ratification tacite.
Lebrun et Pothier croyant au contraire que la puissance
maritale avait pour fondement l'intérêt de la famille
déclarent nul et de nullité radicale, non ratifiable par
aucun laps de temps, tout acte portant atteinte à cette
puissance. Ces jurisconsultes, si respectueux de l'ordre
public, se montrent néanmoins faciles sur le point de
savoir si le mari mineur était capable d'autoriser sa
femme. Contrairement à leur avis et à celui de Loysel,
Dumoulin prétend avec raison que l'aliénation faite par
la femme, autorisée par son mari mineur de 25 ans,
ne saurait être valable. Dire autrement, ne serait-ce

point, á la fois, reconnaître à un incapable le droit d'habiliter un autre incapable et permettre au mari de toucher et de dissiper le prix de l'aliénation ! Cette opinion partagée par Charondas et Chopin se trouve reproduite dans l'art. 224 du code civil.

L'art. 225 fait de la nullité fondée sur le défaut d'autorisation une nullité relative, qui ne peut être opposée que par la femme, le mari et leurs héritiers. Enfin pour attaquer l'acte qu'elle aurait fait sans autorisation l'art. 1304 du code civil donne à la femme un délai de dix ans, à dater de la dissolution du mariage. Mais, comme à notre avis, la prescription ne produit son effet que sur l'action et non pas sur le droit lui-même, la femme pourra par voie d'exception *rebus adhuc integris*, se prévaloir perpétuellement de la nullité contre les poursuites de son créancier. (1)

SECTION III. — *Du régime d'association conjugale; des garanties accordées à l'épouse.*

Le véritable régime des pays de droit coutumier c'est le régime de la communauté; dérivant de la puissance maritale, il n'existait point dans certaines provinces où les effets de cette puissance, différemment réglés, le rendaient impossible. Entre personnes nobles, surtout avant la rédaction des coutumes, il n'était pas non plus question de communauté; et cette diffé-

---

(1) M. de Savigny a parfaitement démontré quel est le fondement rationel de la maxime romaine *quœ temporalia sunt ad agendum, perpetua sunt ad excipiendum.*

rence entre les droits des époux nobles et ceux des
époux roturiers, qui apparaît seulement à la dissolution du mariage, est une pure conséquence du bail.

En sa qualité de baillistre, le mari noble gagnait,
le mariage dissous, tous les meubles, les cateulx et
même les acquêts, tandis que l'époux roturier ne prenait que la moitié de ces biens, en vertu de ses droits
de simple mainburnissière; ces droits, nous l'avons
vu, dérivent de l'ancien mundium; l'autre moitié appartenait à la femme ou à ses héritiers.

Pendant le mariage, au contraire, pas de distinction;
noble ou roturier, le mari a la jouissance et l'administration des immeubles de sa femme, il intente les
actions possessoires, exerce en son nom, s'il s'agit de
fiefs, tous les droits et prérogatives du seigneur, et
dispose librement, sans aucune restriction, de tous les
meubles. En revanche, les charges de la tutelle lui
incombaient; gagnant les meubles, il devait aussi entretenir ses enfants et sa femme, payer les dettes de
celle-ci et lui restituer à la fin du mariage, ses propres
en bon état, francs et quittes.

Ainsi l'épouse, durant sa vie, n'avait aucun droit
sur les biens qui, de son chef, tombaient en communauté; mais à la mort du mari, comme il n'était point
possible de distinguer dans la masse commune l'origine de chacun des éléments qui la composaient, on
attribua à la femme la moitié des meubles et des
acquêts; pour elle, ce n'était pas là un droit de succession. Elle prenait cette moitié à titre de participation aux opérations lucratives ou onéreuses de son

mari. Voilà donc le mariage devenant l'association de deux êtres dans la prospérité comme dans l'infortune. Aussi la veuve était-elle forcée de payer les dettes de son époux et de les payer, le cas échéant, de ses propres deniers, car elle n'avait point le droit, femme roturière, de renoncer à la communauté.

Quoique les règles du bail attribuassent au mari la totalité des meubles et des conquêts, telle cependant fut l'influence du droit des roturiers qu'on voit exister dans les *Etablissements* de Saint-Louis, dans Beaumanoir et Bouteiller, le partage des meubles entre époux nobles. Néanmoins, l'assimilation entre la femme noble et la femme roturière ne fut pas, pour cela, complète : la première, en effet, ne prenant part aux meubles comme aux autres biens de son mari qu'à titre d'héritière, pùt, afin d'échapper à l'obligation de payer les dettes d'une succession trop souvent onéreuse, renoncer à ses droits sur le mobilier (1). Moins favorisée, la seconde, qui ne jouissait pas d'un pareil privilége, eut longtemps encore à gémir de cette inégalité.

Que le mari ait dissipé tous les biens, qu'à raison de ses crimes, il ait subi la confiscation du patrimoine commun, n'importe ! La veuve roturière ne pouvait

---

(1) « La raison pourquoi le privilége de renonciation leur fut donné, ce fut pour ce que le métier des hommes nobles est d'aller es guerres et voyages d'outremer, et à ce s'obligent et aucunes fois y meurent et leurs femmes ne peuvent pas de legier être acertenées de leurs obligations faites à cause de leurs voyages, de leurs rançons et de leurs plegeries.... etc. » *Grand Coutumier.*

même pas, si la pauvreté l'empêchait de payer les dettes de la communauté compromise par son époux, se remarier, à moins que le second mari n'acquittât les obligations du premier. Comment! rendre la femme responsable de la mauvaise conduite, de l'incurie, de l'incapacité de son mari, elle à qui toute ingérance dans les affaires domestiques et l'administration des biens était si rigoureusement défendue, elle humblement soumise à la puissance maritale, n'était-ce pas une flagrante contradiction en même temps qu'une criante iniquité?

L'obliger de payer sur sa propre fortune la moitié des dettes que lui laissait son seigneur et maître, n'était-ce pas permettre au mari, simple administrateur, d'aliéner indirectement les propres de sa femme? Dumoulin se révolta contre une pareille injustice. Il fit admettre le principe que, dorénavant, la veuve serait tenue des dettes de son mari uniquement jusqu'à concurrence des biens qu'elle recueillerait dans la communauté. Ce fut là un premier pas : mais remarquons que la femme, s'il s'agissait de dettes par elle contractées, communes de son chef, n'avait point l'exercice de ce privilége.

Aussi la coutume de Paris, réalisant un nouveau progrès, accorda-t-elle à la roturière le bénéfice de la renonciation. Par ce moyen d'une portée plus générale, la veuve put s'affranchir de l'obligation de payer les dettes, quelle que fut leur origine. Il est donc vrai de dire qu'au XVIe siècle le régime matrimonial des nobles et celui des roturiers s'étaient presque entièrement confondus. Il ne restait plus à la femme noble qu'une seule prérogative, celle de conserver la totalité des meubles et des acquêts, en payant toutes les dettes. (1)

Mais quelle est la raison de ces transformations ? c'est que les lois tendent à s'harmoniser avec les mœurs et la science nouvelles. En envahissant la France entière, les principes du droit romain pénétraient d'un esprit nouveau notre législation. Déjà, au xvi° siècle, on accorde à la femme la faculté de tester et de s'adresser à la justice pour suppléer au défaut de l'autorisation maritale. La communauté de biens ne repose plus sur le même fondement qu'autrefois, la mainbournie; on la regarde comme dérivant d'une sorte de société entre époux. Les effets de la mainbournie, dépouillés dès lors de leur cause vitale, avant de s'éteindre à leur tour, reçurent, à partir de ce moment, d'incessantes modifications. *Non est propriè socia, sed speratur fore,* disait Dumoulin, en parlant de la femme : et, laissant de côté les théories absolues de la puissance maritale, on appliquait au régime de la communauté les règles de la société future puisqu'elle n'existait véritablement qu'à l'instant de sa liquidation.

Bientôt la loi coutumière devint impuissante à garantir l'égalité entre époux dans les pertes et les

---

(1) « *Item* l'on dit communément que la femme noble a élection de prendre tous les meubles et payer les dettes, ou de renoncer aux meubles pour estre quitte des detes. » Grand Coutumier Liv. I. fol 83.

bénéfices de l'association conjugale ; de là, cette profusion de clauses dans les contrats de mariage, clauses de réalisation ou de stipulation de propres, d'ameublissement, de séparation de dettes, de franc et quitte, et même de séparation de biens ; de là, tout le système des récompenses.

On restreignit, en même temps, dans une certaine mesure, les bornes de la puissance maritale, dont les effets ne purent plus se manifester au-delà de sa durée. C'est ainsi que le mari, autrefois seigneur et maître absolu de la communauté, tout en conservant ce titre, n'en exerça les prérogatives qu'en sa qualité d'administrateur légal. En conséquence, la confiscation par lui provoquée n'absorba plus, comme par le passé, la totalité des biens communs et porta seulement sur une moitié, sa part. Il ne put, en outre, disposer par testament de l'autre moitié, au préjudice de sa femme.

L'épouse jouissait donc autrefois de tous les avantages que lui concède actuellement le régime de la communauté, tels que conservation de ses propres et participation aux meubles et conquêts. De plus, grâce au douaire, il y eut réciprocité entre la situation respective des conjoints. Ainsi, le mari exerçait un droit de jouissance sur les propres de sa femme, et à celle-ci appartenait un droit égal sur les propres de son mari ; de même l'incapacité imposée à la femme d'aliéner ses biens, sans autorisation, correspondait à la défense faite au mari de disposer des immeubles sur lesquels reposait le douaire à moins que la femme n'eût juré par serment de respecter la vente.

Le douaire tire son origine de la fusion de la dot avec le morgengabe qu'il remplaça vers le ix° siècle. Le mari le constituait à sa femme, en usufruit, sur ses propres, devant le prêtre, au moment de recevoir la bénédiction nuptiale. « Le doëre, dit Beaumanoir, est acquis à la femme sistôt comme loi aux mariages est compagnie charnèle est faite entre lui et son mari et autrement non. » Mais elle n'en prenait jouissance qu'à la mort de son époux. Tout d'abord la quotité du douaire n'était point déterminée; elle variait suivant les coutumes ou les conventions matrimoniales. Philippe-Auguste, par un édit de 1214, la fixa à la jouissance de la moitié des biens possédés par le mari au jour du mariage.

Pour en finir avec les avantages accordés à la veuve survivante, ajoutons que les donations entre époux, tout d'abord usitées, selon de Fontaines et Beaumanoir, ne furent plus tard permises, quand le droit romain eut inspiré les jurisconsultes, qu'à défaut d'enfants mâles et à la condition qu'elles seraient faites par testament. (1) Cependant le don mutuel entre vifs de meubles et de conquêts resta toujours en usage; de même, du droit de bagues et joyaux; c'était un gain de survie, consistant en une somme d'argent stipulée au profit de la femme pour lui tenir lieu de ses bijoux.

(1) Etablissements de St-Louis. I. Ch. CXIV.

CHAPITRE III.

La femme dans les pays du midi; fusion des divers éléments du droit.

Nous savons comment les lois romaines, reproduites par le Bréviaire d'Alaric et le Papien bourguignon, à peu près telles qu'elles existaient au temps de l'ère classique, s'implantèrent dans le midi de la Gaule où, de longtemps, ne purent parvenir celles des empereurs d'Orient, à cause du démembrement de l'empire et de l'invasion barbare. Ce n'est qu'au xᵉ siècle que le droit de Justinien fit son apparition sur notre territoire. Enseigné dès le xɪɪᵉ siècle, il se répandit avec une telle rapidité, que l'Eglise s'effraya de ses progrès. Jusquelà, le droit canonique avait seul pénétré nos coutumes; son autorité s'étendait chaque jour. Tout-à-coup, l'on craignit que sous l'influence du prestige de la loi romaine, on ne délaissât l'Ecriture-Sainte et l'étude des lois ecclésiastiques. Aussi, prohibé au regard des membres du clergé, l'enseignement du droit romain ne tarda pas à l'être vis-à-vis même des laïques par le pape Honorius III, patron de l'Université de Paris (1).

On comprend donc que nos rois, d'ailleurs poussés par un aveugle sentiment de patriotisme, se soient faits les champions du droit national. Mieux avisés, nos jurisconsultes mirent à profit la législation romaine;

(1) Concile de Reims (1131) Conc. de Toulouse (1163) Décrétale d'Honorius III. (1180).

ils la firent servir à interpréter la coutume, à combler ses lacunes, à la réformer enfin. C'est ainsi que le droit romain, bien que reçu partout comme autorité générale de doctrine, n'eût de force législative que dans les pays de droit écrit; c'étaient ceux du ressort du parlement de Bordeaux, de Toulouse, d'Aix, de Grenoble, et certaines contrées du ressort de Paris.

Dans ces provinces, comme à Rome, le mariage n'émancipait point, et devant la puissance paternelle s'effaçait l'autorité maritale. Celle-ci ne s'exerçait, d'ailleurs, que sur les biens dotaux, car la femme conservait l'administration et la libre disposition de ses paraphernaux. Quant à l'aliénation du fonds dotal, les parlements appliquaient la loi Julia, sauf dans le Lyonnais, le Forez, le Beaujolais et le Maconnais; il paraît que Louis XIV l'avait abrogée dans l'intérêt d'un receveur général. Ce n'est guère aussi que dans ces quatre provinces de droit écrit, ressortissant au parlement de Paris, que fut abrogé, en 1606, le s.-c. Vélléien, rendu inutile par l'abus des renonciations.

La communauté n'existait pas dans le midi, où la loi romaine avait importé le régime dotal. Séparés de biens et de dettes, les époux conservaient chacun son patrimoine propre; mais, les acquêts étant réputés appartenir tous au mari, la femme n'avait droit aux siens qu'en prouvant leur origine (1). Qu'avons-nous

---

(1) La présomption mucienne avait aussi pénétré dans nos coutumes, et cela avec d'autant plus de facilité que celles-ci, dans le but de conserver à tout prix les biens dans les familles,

besoin d'insister? le droit romain nous est connu.
Ajoutons seulement que là où s'étendit son empire,
s'il lutta victorieusement contre tout établissement de
la féodalité, il ne fut pas cependant assez fort pour
neutraliser absolument, dans les pays de municipes et
de franc-alleu l'influence de la législation du nord.
Les contrées du midi admirent la renonciation des filles
à la succession paternelle, moyennant une dot, et sauf
la légitime; dans certains statuts, les filles furent
même exclues, par le seul fait du mariage et de la
dotation, de toute participation postérieure aux biens
de la famille.

Quant à la donation *propter nuptias*, on la trans-
forma en une espèce de droit analogue, l'augment de
dot, gain nuptial attribué à la femme, en récompense
et à proportion de sa dot sur les biens de son mari
prédécédé. Enfin, la société d'acquêts se répandit surtout dans la Guyenne et le Languedoc; mais, cette
communauté des biens acquis par l'industrie commune
des époux n'ayant aucune influence sur la condition
de la dot et des paraphernaux s'accordait parfaitement
avec le régime dotal.

En se fusionnant, les divers éléments de notre législation tendaient donc à s'unifier; mais les efforts des
légistes, soutenant les revendications de la royauté

avaient apporté, pour la plupart, d'importantes restrictions à
la faculté laissée aux époux de se faire des libéralités.

« Si durant le mariage, on acquiert, au nom de la femme, dit
Lebrun, l'immeuble d'un étranger, elle est censée l'avoir acquis
des deniers du mari et de la communauté. » (Ch. V. p. 131.
n° 3.)

qui battait en brèche les juridictions ecclésiastiques et luttait à la fois contre la théocratie et la féodalité alliées dans un intérêt commun, furent le prélude des ordonnances que promulguèrent nos rois, devenus souverains absolus. Ceux-ci, après avoir doté la France de l'unité politique et territoriale, voulurent aussi lui donner l'unité législative. Tous les esprits éclairés comprenaient en effet la nécessité de cette mesure, que le chancelier d'Aguesseau essaya vainement de réaliser.

C'est à la Convention'que revient l'honneur d'avoir, le 9 août 1793, présenté le premier projet de code des lois civiles.

Détruire d'abord l'ancien régime, instituer l'égalité civile, séculariser le droit, consacrer l'égalité sociale de l'enfant né dans le mariage et de l'enfant né hors du mariage, transformer la puissance paternelle en un devoir d'affection et, à côté des droits du père, inscrire ceux de l'enfant, rendre à la femme sa condition naturelle, créer l'unité du foyer par l'union des cœurs et, tout en abolissant les institutions contractuelles, le douaire, l'augment de dot, les gains de survie, permettre aux époux de se faire des donations entre-vifs irrévocables, et de succéder l'un à l'autre, en cas de besoin, telle fut l'œuvre de la Révolution. (1)

_____

(1) Le Code de la Convention avait posé ce principe : Que le mariage constitue une association sur le pied de l'égalité entre l'homme et la femme.

Les époux règlent librement les conditions de leur union, sauf les exceptions ci-après, (art 1. T. III). — Ces exceptions se

— Notre code civil, préparé par la Convention, mais issu du coup d'Etat de brumaire, a renoué la chaîne de la tradition trop violemment rompue, sans renier, en cela, toutes les parties du droit intermédiaire.

rapportent toutes au droit de proprinté, sauf une seule ainsi conçue : « *La loi défend aussi de stipuler aucune restriction à la faculté de divorce*, (art. 5. T. III.) *Les époux ont ou exercent un droit égal pour l'administration de leurs biens*, (art. 11. Tit. III.

DROIT CIVIL

LIVRE III

De la condition de la Femme dans notre législation actuelle

PRÉLIMINAIRES.

En décrétant l'égalité civile des deux sexes, le droit nouveau ne reconnaît pas seulement un fait, il sanctionne un principe; ce principe, c'est la négation de la loi de la force brutale, c'est le triomphe de la raison sur le préjugé, de l'avenir sur le passé.

La capacité de la femme, fille ou veuve, est donc complète. Pourtant, si les femmes, certains cas exceptés, ne peuvent pas être tutrices, ni faire partie d'un conseil de famille, ni jamais être témoins instrumentaires dans les actes notariés, c'est que des raisons de convenance, plus ou moins justifiées, leur interdisent l'exercice de ces fonctions que l'on peut, d'ailleurs, considérer à certains égards, comme des fonctions publiques, et nous savons que la législation française est demeurée sourde aux sollicitations de Condorcet et de Sicyès, réclamant pour les femmes la jouissance des droits politiques. Mais, au point de vue purement civil, ce n'est que dans le mariage que, dépouillée de sa liberté, la femme retrouve une cause d'incapacité. Le problème de son émancipation n'est donc pas résolu : hardiment, de grands et généreux esprits le posent au xixe siècle. Quelle solution conviendrait-il de lui donner ? Notre réponse constituera la conclusion de ce travail.

CHAPITRE Ier

Des droits et obligations de la femme dans ses rapports avec son mari.

SECTION I. — *Des droits et des devoirs communs aux deux époux.*

Le mariage est la société perpétuelle de l'homme et de la femme qui s'unissent afin de se donner mutuellement la fidélité dans l'amour, la communion dans le bonheur, l'assistance dans l'infortune ; il implique une parfaite communauté d'existence. La femme prend le nom, les qualités et le domicile de son mari. Elle cesse d'être française en épousant un étranger ; mais elle recouvre, de plein droit, sa nationalité d'origine lorsqu'elle réside en France au moment où elle devient veuve ; en ce cas, elle est investie de la tutelle légale et des attributions de la puissance paternelle sur ses enfants mineurs, restés étrangers, bien que la loi personnelle de ces enfants n'admette pas l'usufruit légal des père et mère et ne reconnaisse d'autre tutelle que la tutelle dative. Toutefois, la femme française dont le mari se fait, pendant le mariage, naturaliser en pays étranger ne perd point sa nationalité ; elle conserve même le droit d'avoir, en France, un domicile qui lui est propre. (Douai 1858 : D. P. 58, 2, 218-219.)

Entre le mari et la femme, il y a des devoirs récipro-

9

ques et des devoirs communs à chaque époux. Ils se
doivent mutuellement fidélité, secours et assistance,
art. 212.

De ces trois devoirs émane cette idée que la société
conjugale constitue la plus complète union des corps
et des âmes. Non-seulement, en effet, chaque époux
est tenu, sur son patrimoine, au profit de l'autre conjoint d'une dette alimentaire, mais encore tous les deux
se doivent réciproquement assistance morale dans les
besoins de l'âme et du cœur ; et, cette assistance n'implique pas moins entre eux un échange de soins exté-
rieurs. Aussi, les accidents inséparables de la nature
humaine, infortunes, chagrins, maladies, sont-ils justement une occasion de remplir, en s'entr'aidant, la
plus noble destination du mariage. Le refus caractérisé
d'assistance constitue une injure grave susceptible d'en-
traîner la séparation de corps, et le refus de secours
donne lieu à une action en pension alimentaire contre
le conjoint qui vit dans l'aisance.

Le devoir de fidélité est de beaucoup le plus impor-
tant ; en quelque sorte, il les résume tous. La fidélité
conjugale suppose l'amour, et l'amour est le fondement du mariage ; supprimez-le, plus de famille. A la
suite de l'adultère, un cortége de maux envahit le foyer
domestique ; et cependant, pour beaucoup l'adultère
du mari n'est pas une faute, c'est une prouesse. Par
contre « la femme convaincue d'adultère subira la peine
de l'emprisonnement pendant trois mois au moins et
deux ans au plus, » art. 337. c. p. (1). Pour que l'époux

(1) La concubine que le mari est convaincu d'avoir entrete-

soit coupable, lui, il faut qu'il *entretienne* sa concubine
(art. 339, c. p.) dans le *domicile conjugal* ; et pour une
infraction si répréhensible au point de vue moral, con-
sidérez la pénalité : cent francs à deux mille francs
d'amende !

Quel est le fondement de ces différentes sanctions
légales ? L'adultère de la femme, dit-on, est toujours
beaucoup plus grave, beaucoup plus scandaleux que
celui de l'homme, car la femme, tenue par les devoirs
de son sexe, de son éducation, de ses habitudes, à plus
de réserve, coupable surtout parce qu'elle sait et croit
l'être, blesse davantage encore la morale et l'ordre
public. Oui, l'impudicité avilit la femme comme l'im-
probité déshonore l'homme et peut-être l'infidélité de
l'épouse fera-t-elle entrer dans la famille du mari un
enfant étranger ; oui, de tels désordres appellent toutes
les rigueurs de la loi ; mais comprend-on les concessions faites à l'homme par cette même loi ? comprend-
on que le mari puisse vivre en concubinage pourvu que
ce soit hors du domicile conjugal, et, qu'en ces conditions, il ait le droit, alors que sa femme délaissée commet une seule faiblesse, de la traîner devant les tribunaux ? Eh bien, il n'y a pas de justice sans égalité. La
jurisprudence l'a si bien compris qu'elle autorise aujour-

___

nu au domicile conjugal est passible, de même que toute personne
qui concourt à un délit, des peines de la complicité. (D. P. 75,
2, 72).

La femme adultère est tenue de réparer solidairement avec
son complice le préjudice matériel et moral que sa faute a causé au mari. (Rennes, 22 fév. 1869 : D. P. 75, 1, 209).

d'hui la femme à demander la séparation de corps
contre le mari coupable d'adultère, hors du domicile
conjugal, par la raison que cet adultère constitue vis-à-
vis d'elle un injure grave. (1) Mais, la séparation prononcée, la situation de la femme n'en est pas moins
pénible. Qu'une fois, elle écoute une ardente parole,
la voilà perdue! l'adultère est prouvé, la femme poursuivie et condamnée. Quant au mari, il est, lui, dégagé
de tous ses devoirs; librement il peut adultérer, librement, sans crainte ni souci, il peut oublier sa femme
dans les bras d'une concubine, il n'y a plus de domicile
conjugal! (D. P. 58. 2. 1.)

Puisqu'il est admis qu'un jeune homme, après avoir
usé la moitié de sa vie quelquefois dans le travail, le
plus souvent dans les plaisirs, ne cherche dans celle
qu'il épouse qu'une magnifique dot, puisqu'il est
d'usage qu'une jeune fille ne doit demander à celui
qu'elle voudrait aimer qu'une affection lasse, calme,
toute froide, comment s'étonner des ravages de l'adultère?

Sans doute, l'adultère de la femme est plus scandaleux que celui du mari, mais l'adultère de l'époux est-
il aussi innocent qu'on peut le penser? Que de désastres
n'entraîne-t-il pas à sa suite! désastres matériels et
moraux. N'est-il pas également coupable au point de
vue social et criminel? c'est lui qui fait les bâtards et

(1) Bord. 19 mai 1828. S. 2. 265. — 21 mai 1835. S. 2. 469. —
Id. 14 juin 1836, rej. S. 1. 448. — Sic. M. Massol, Sép. de corps.
p. 34 n° 10.

multiplïe les enfants adultérins; il trouble la paix
domestique, ruine les familles, éloigne les enfants de
la pratique du devoir et parfois enfin devient une école de
corruption. Qui a bu boira, dit le proverbe, et le mari,
a souvent trop bu! Comment s'étonner que la démo-
ralisation pénètre dans le ménage par cette porte qu'a
ouverte son inconduite? l'imagination de la femme
s'échauffe, la colère, le dépit s'emparent de son âme
et la vengeance de son cœur!

A ces maux nous ne connaissons qu'un seul remède :
le divorce.

Rationnellement le divorce devrait être la sanction
légale de toutes les obligations qui naissent du mariage.
La loi réactionnaire de 1816, inspirée par l'intolérance
catholique, a rétabli l'indissolubilité du lien conjugal.
Jésus-Christ avait cependant permis l'usage du divorce
contre l'époux adultère, mais l'église qui le proscrit-a-t-elle
fait autre chose en admettant quatorze cas de nullité de
mariage, tandis que nôtre loi, plus rigoureuse, en reconnaît beaucoup moins, que de l'appliquer dans ces fré-
quentes ruptures de mariages royaux qui remplissent
notre histoire depuis Charlemagne jusqu'à Louis XII et
Napoléon?

Les plus solides objections contre le divorce, con-
sistent à peu près en ceci : l'indissolubilité n'est pas
seulement un principe catholique ou religieux , c'est
encore un principe d'ordre public, de bonnes mœurs,
un principe social; elle est le fondement moral du
mariage. A la théorie, les faits répondent : qui multi-
plie les enfants illégitimes et adultérins? l'indissolu-

bilité. Qui crée de faux ménages ? l'indissolubilité. Qui
alimente les haines entre époux ? l'indissolubilité. Qui
inspire des pensées de meurtre, de désespoir, de suicide ?
l'indissolubilité. La séparation de corps n'est, en effet,
qu'une peine. L'époux innocent en souffre autant et
plus que l'épouse coupable. Education, vie domestique,
bien-être matériel et moral, tout est détruit, et sans
compensation, par la séparation de corps. Dans le cœur
de l'enfant naît le mépris de ses parents, peut-être la
haine contre un père cruel ou débauché, contre une mère
dénaturée. Témoin de leur inconduite, de leurs vio-
lences, de leurs mutuelles altercations, il souffre à ce
spectacle, qui éteint parfois dans son âme le sentiment
filial, et la contagion de l'exemple pervertit son caractère. Mais le divorce est un remède ; il constate la
rupture et ne la crée pas, car le fondement moral du
mariage n'est pas ailleurs que dans l'amour, la sympathie, le respect et l'estime réciproque des époux. La
fusion des âmes, telle est son essence intime ; le perfectionnement mutuel, tel est son objet ; le bonheur, telle
est sa fin. Si la raison du mariage disparaît, si l'union
n'existe pas entre les époux, l'indissolubilité n'est plus
qu'un vain mot : alors, en dépit du Code et de l'Eglise,
le divorce existe en fait ; seulement la fraude, la ruse,
l'hypocrisie, le crime sont les auxiliaires des conjoints
mal assortis qui veulent se dégager de la vie commune.
Que la loi reconnaisse donc le divorce, mais qu'elle
en règle en même temps l'usage dans de juste et étroites
limites. A ce prix les scandales de Rome et du Direc-
toire ne se reproduiront pas. Pendant dix ans le divorce

a existé sous l'Empire, et l'institution matrimoniale n'en a pas été du tout ébranlée. Presque toutes les nations civilisées l'acceptent et nulle part la famille n'est plus solide ni mieux organisée. Moraliser les époux, les pacifier en leur permettant de dénouer légalement des liens devenus insupportables ou de s'échapper de leur cage de fer sans avoir besoin de passer par la porte sinistre de l'adultère et de l'assassinat, tel sera le résultat effectif du divorce. Quant aux époux unis par le bonheur et l'affection, que leur union soit indissoluble ou non, ils n'en resteront pas moins impassibles dans leur fidélité. C'est qu'en effet l'indissolubilité n'est que la sanction naturelle du mariage, mais du mariage heureusement contracté, qui, suivant la belle définition romaine, est une véritable « *humani et divini juris communicatio individuam vitæ consuetudinem continens.* »

Sans doute, le devoir, la charité, le dévouement pourront encore nous inviter à supporter une union quelque peu orageuse, mais si la loi n'a pas le droit de proscrire ces vertus, sachons aussi qu'elle n'a pas celui de les imposer.

SECTION II. — *Des droits et des devoirs particuliers à chacun des époux.*

La femme, dit l'art. 214, est obligée d'habiter avec le mari et de le suivre partout où il juge à propos de résider ; le mari est obligé de la recevoir et de lui fournir tout ce qui lui est nécessaire pour les besoins de la vie, selon ses facultés et son état. L'obligation de la femme d'habiter avec le mari et de le suivre partout, écrit Pothier, (n° 883) même en pays étranger, même dans un lieu infecté par la peste, est générale et absolue, en principe. Cependant comme le devoir du mari est d'offrir une habitation convenable à sa femme, celle-ci pourrait se refuser à le suivre s'il vivait à l'état de vagabondage ou dans un lieu malsain, soit enfin si des lois politiques défendaient l'émigration. Ces réserves faites, on comprend que le devoir de cohabitation s'impose aux époux ; il dérive de la nature même du mariage et concourt à ses fins. L'appartement commun doit donc être disposé de telle façon qu'entre époux les communications soient faciles (Cass. 20 janv. 1830, Dev. 183. 1. 60). Si le mari, tout en mettant un logement à la disposition de sa femme ne veut pas de la vie commune, se refuse à la cohabitation, la femme est par cela même dispensée de résider dans la maison conjugale. (V. Dalloz au mot : *mariage* n° 748. 3°)

Le devoir de la femme de résider au domicile conjugal a pour corollaire l'obligation de la part du mari d'y maintenir quelque décence et le respect de la dignité ou des sentiments de l'épouse. C'est là une exigence légale et non pas uniquement l'un de ces devoirs de conscience auxquels fait défaut la sanction d'une contrainte. Il appartient donc aux tribunaux de prescrire, en pareille matière, à l'effet d'assurer protection à la femme, toutes les mesures provisoires et d'urgence, compatibles avec le maintien de la légitime autorité du mari. Mais cette protection et ces mesures sont-elles rigoureusement subordonnées par la loi à l'introduction préalable d'une instance en séparation de corps ? la jurisprudence ne l'a point pensé; elle vient avec sollicitude au secours de la femme outragée quand le mari ou les gens de son entourage rendent à celle-ci la vie commune impossible. Ainsi la femme blessée dans ses sentiments par la présence au domicile conjugal de personnes étrangères peut être autorisée à se retirer dans sa famille et le mari peut être contraint à lui payer une pension mensuelle jusqu'à ce que ces personnes aient délogé. Le mari qui refuse à sa femme un domicile convenable, qui prétend la retenir dans une habitation où sa sécurité, son honneur, son indépendance ne sont pas respectés peut être considéré comme coupable envers elle d'une injure grave, cela est bien certain; et la femme pourrait trouver là un grief de séparation de corps. Mais si elle ne veut pas de la séparation de corps, si elle désire ce qu'elle a le droit d'obtenir, l'habitation commune et convenable, comment la justice lui refuserait-elle son appui pour l'exécution de la loi? Elle demande à quitter l'habitation indigne, intolérable où elle est retenue, afin que le mari la rappelle dans un domicile conforme à leur situation. Elle demande une pension parce que son mari lui doit ce qui est nécessaire aux besoins de l'existence et que s'il manque au premier devoir, il ne saurait être pour cela dispensé des autres. (Douai, 29 fév. 1876; sous cassation Sirey, 77. 1. 256.)

Sous quel prétexte, d'ailleurs, subordonner absolument la protection de la personne et des droits légitimes de la femme à une condition aussi extrême, aussi

rigoureuse que la sortie du domicile conjugal, au 'prix
des préliminaires d'une instance en séparation de corps ?
l'outrage ou même le péril qu'elle subit dans le domicile, en dépit des protestations les plus légitimes ou de
la patience la plus exemplaire ne peuvent-ils cesser avec
leur cause grâce à l'efficacité d'une intervention et des
rigueurs opportunes et temporaires de la justice ? fau-
drait-il donc condamner l'épouse à désespérer par
avance de tout retour plus ou moins complet du mari
à l'accomplissement des conditions hors desquelles ne
peut exister la vie commune, telle qu'elle se trouve
définie par la loi, par la raison et par la morale tout
ensemble? Ces sages réflexions sont le langage même
de notre jurisprudence; le magistrat, jouant en cela le
rôle que remplissait, à Rome, le préteur, sait, à la
lumière de sa conscience, éclairer la loi pour en faire
une application toujours aussi équitable que juste.

L'obligation du mari de recevoir sa femme est, au
contraire absolue; cette obligation n'ayant point de
corrélatif, ce n'est que par la séparation de corps que le
mari peut fermer à sa femme les portes du domicile
conjugal. (1)

Mais si l'un des deux époux quitte le domicile
commun, s'il s'enfuit, que faire? A l'égard du mari
fugitif la question ne paraît pas embarrassante; il
est, en effet libre et maître de ses actions, ne doit

---

(1) Voyez : *De l'obligation des époux d'habiter ensemble,* par
M. Lesenne, docteur en droit. *Revue critique* : t. 30. p. 522 et
suiv.

obéissance à personne ; la femme a le droit de le suivre ; que s'il refuse de la recevoir, celle-ci invoquant ce refus comme une injure grave peut intenter une action en séparation de corps.

Contre la femme qui a déserté le domicile conjugal les auteurs n'indiquent pas moins de sept moyens de coercition. Ils admettent, par exemple, que le mari peut saisir et faire mettre sous le sequestre, s'approprier même les revenus des biens dont la femme a la jouissance ! Qu'il ne soit pas obligé de lui fournir des aliments, on le comprend, mais qu'il ait le droit de saisir les revenus d'une personne dont il n'est point le créancier, cela nous paraît être bien arbitraire (1). Pourrait-il intenter contre elle une action en dommages-intérêts ? Pas davantage. Un droit de famille ne s'estime pas à prix d'argent ; d'ailleurs, ces dommages-intérêts ne sauraient être la réparation d'un préjudice matériel ; ils constitueraient une peine, une amende, et la loi pénale n'édicte point une pareille peine (2). Mais la jurisprudence et les doctrines ont, d'un avis unanime, autorisé le mari à requérir

(1) La jurisprudence autorise pourtant le mari à saisir, arrêter les revenus personnels de sa femme pour en toucher une portion jusqu'à ce que celle-ci ait réintégré le domicile conjugal. Le jugement qui autorise la saisie des revenus n'enlève pas à la femme l'administration de ses biens lorsqu'elle n'abuse pas de ce droit pour enfreindre au jugement. Paris, 27 janv. 1855. — Bioche, *suppl.* au dict. de proc., vᵒ, femme mariée, nᵒ 8.

(2) Cependant on a vu prononcer des dommages-intérêts au profit du mari contre la femme qui refuse de cohabiter : Paris, 2 mars 1877.

la force publique, car toute obligation, par cela seul qu'elle est écrite dans la loi doit avoir une sanction efficace ; autrement elle n'existerait point ; or, il n'y a qu'un seul moyen de contraindre la femme à réintégrer le domicile conjugal, c'est l'emploi de la force armée. Ce moyen là est-il efficace? nous ne le pensons pas ; serait-il permis au mari de retenir sa femme en charte privée, de la séquestrer, de l'emprisonner? Qui donc l'empêcherait-elle de s'échapper encore? Zachari et Marcadé légitiment l'emploi de la force de la part du mari par cette raison que celui-ci a un droit dont l'objet est la personne même de sa femme qu'il peut, à ce titre, revendiquer. C'est ni plus ni moins la théorie de la *manus*. N'oublions pas qu'en droit français les personnes ne sont point des choses, et, pour ce motif, les obligations personnelles résultant du mariage sont toutes, à notre avis, des obligations morales dont le mépris ne saurait, en principe, donner lieu qu'à la séparation de corps. Privée de la liberté, la personne humaine, n'est plus un être, elle n'existe pas, or la liberté est inaliénable ; pas plus que la personne elle ne peut faire l'objet d'un contrat.

Voilà pourquoi les voies d'exécution légale sont, évidemment, aussi impuissantes à contraindre le mari à recevoir sa femme qu'elles sont inefficaces et odieuses lorsqu'il s'agit de forcer la femme d'habiter avec son mari. — Nous en dirons autant du devoir de cohabitation intime ; oserait-on, par la voie de la force, en exiger l'accomplissement? Non, non...

... L'on n'aime point par un commandement
Prière, ordre, conseils n'y peuvent rien; personne
Ne sait pourquoi le cœur se refuse ou se donne.

. (PONSARD, *L'Honn. et l'Arg.*)

Ajoutons que le crime d'attentat à la pudeur peut existe dans les relations de mari à femme; et dans ce cas spécial, pas plus que dans les cas ordinaires, il n'est nécessaire que la question posée au jury spécifie la nature des actes commis. Le mari qui s'est rendu coupable d'attentat à la pudeur sur la personne de sa femme, doit être frappé de l'aggravation de peine édictée par l'article 333, C. p.; car, cette odieuse brutalité, loin de trouver une excuse dans la puissance maritale, constitue un des plus graves abus de cette autorité. Tout au contraire le devoir de l'époux n'est-il pas de protéger sa femme? (1)

Le mari doit, en effet, protection à sa femme, et la femme doit obéissance au mari, art. 213.

Cette formule si absolue qui fait de l'homme un protecteur et un souverain, qui nie l'indépendance individuelle de la femme, il ne faut point l'interpréter

---

(1) Cette solution conforme à la jurisprudence (R. 18 mai 1854, Ch. crim ; D. P. 54, 1, 262), est approuvée par MM. Faustin Hélie et Chauveau. La cour de cassation ayant indiqué dans un arrêt de rejet du 21 nov. 1839. (D. P. 40, 1, 6), comme constitutifs du crime d'attentat à la pudeur entre mari et femme, les actes tentés ou commis avec violence contrairement à la fin du mariage, on s'est posé la question de savoir si cette indication était limitative. Avec M. Chauveau nous admettons l'affirmative ; M. Dalloz soutient la négative. (Dict. gén. Supp. V. *Att. à la pud.* 37 4°.

selon l'inflexible rigueur de ses termes. Elle repose, à notre avis, sur la combinaison de ces deux idées dont le principe ressort de notre législation : 1° le mariage est l'union de l'homme et de la femme impliquant indivisibilité de condition; 2° dans la société conjugale qui est la mise en commun des joies et des peines, des affections et de la considération publique il existe un chef, c'est le mari. Dans ce système, l'individualité, la responsabilité morale de chaque époux ne disparaît pas, mais elle est dominée par une responsabilité plus étendue encore, celle qui incombe au mari, représentant de la famille. Les époux se sont engagés à se communiquer leurs impressions, leurs tendances, leurs sentiments et à faire le sacrifice de ce qui romprait l'harmonie entre eux. Dans cette entente qui amène des concessions inévitables, la femme a des moyens d'influence et de persuasion; mais au mari appartient la décision dernière. Ainsi, les conjoints doivent ensemble faire le choix des personnes du monde qu'il leur convient de recevoir et de visiter. On ne regarderait pas comme régulier que l'un des époux entretint avec des tiers des relations affectueuses et un commerce de visites à l'insu l'un de l'autre; et il serait choquant de voir s'introduire dans le domicile commun des gens sur l'honorabilité desquels s'élèveraient de graves soupçons.

En cas de dissentiment, il appartient au mari d'interdire à sa femme de voir ou de recevoir telle ou telle personne dont il n'approuve pas l'esprit et la conduite. Il a donc le droit de s'enquérir des personnes avec lesquelles sa femme a des rapports de société, lie une correspondance quelconque. Il lui importe de connaître l'esprit général des conversations tenues, des influences exercées en dehors et indépendamment de lui; il a, suivant les cas, le devoir, en prévenant le danger qui peut résulter d'une situation anormale, d'étouffer le germe d'une désunion imminente.

Ces règles nous les appliquerons aux lettres missives. On sait que la propriété d'une léttre missive existe et appartient uniquement au destinataire; celui-ci, dès que la lettre lui est expédiée a sur elle tous les droits d'un véritable propriétaire; il peut la donner, la vendre, la publier. Toutefois, s'il s'agit d'une lettre ayant un caractère confidentiel, ce caractère a pour effet de modifier, en le restreignant, l'exercice de ce droit de propriété (1). La lettre confidentielle est adressée à la bonne foi du destinataire, confiée à sa discrétion; celui-ci ne peut ni la vendre, ni la publier. Il n'a sur elle qu'un droit d'usage tout personnel. Le caractère confidentiel rend toute possession illégitime entre les mains de tout détenteur.

On se demande quelle application il convient de faire de ces principes dans les rapports entre époux. Le mari peut-il ouvrir la lettre adressée à sa femme soit lorsqu'elle est parvenue à sa destination, soit lorsqu'elle se trouve encore dans les bureaux de la poste? Question bien délicate à résoudre! Mais souvenons-nous que le mari a un droit de contrôle sur

(1) Paris 10 déc. 1850 : S. 50. 2. 626.

les actes et la conduite de sa femme. En dehors du cercle des personnes avec lesquelles l'entretien d'une correspondance amicale ou respectueuse est pour l'un ou l'autre époux un devoir de famille, il est certain que le mari a le droit légitime de s'enquérir des liaisons de sa femme, et s'il y a lieu, de les faire cesser. Un échange suivi avec un tiers de lettres tenues secrètes pour l'autre conjoint n'est-ce pas une sorte d'infidélité morale, une infraction réelle au contrat? Un mari ne saurait être obligé de souffrir une correspondance qui peut devenir un danger pour la paix du ménage, une atteinte à l'honneur de la famille; il ne peut être forcé de voir parvenir à sa femme des lettres dont l'origine lui est une extrême injure. Il a évidemment le pouvoir de les intercepter. Nous pensons même que le père ou le mari pourraient faire défendre à l'administration des postes de remettre, à son insu, des lettres à l'enfant ou femme. Cette administration ne joue, en effet, qu'un rôle de mandataire, tenu, avant tout, de respecter les principes du droit civil et du droit public (1).

Mais ce droit d'interdire la correspondance que nous reconnaissons au père et au mari va-t-il jusqu'à autoriser ce dernier à prendre communication des

(1) L'administration des postes repousse absolument l'intervention d'une volonté, d'une autorité privée dans son service; elle invoque à cet égard l'art. 187 de l'*Instruction générale de 1856*; « les lettres ordinaires ou chargées, dit cet article, adressées soit à domicile, soit poste restante, à des femmes sous puissance du mari, à des maris ou à des interdits peuvent être arrêtées au moyen d'une ordonnance du juge. »

lettres adressées à son épouse ? Un arrêt l'a implicitement décidé (1). Irons-nous jusque-là ? (2) On a le
droit d'hésiter ; car la lettre est une confidence, et
le respect d'une confidence s'impose à tout le monde ;

(1) Contrà M. Vannier ; Des lettres missives. *Revue pratique,*
t. 21, p. 407.

(2) Par exception à la règle qui ne permet la publication des
lettres confidentielles que du consentement des deux parties,
l'auteur de la lettre et le destinataire, il est admis, en matière
de séparation de corps, que l'époux demandeur produise et invoque les lettres qui lui ont été écrites par son conjoint de même
qu'il pourrait révéler et essayer de prouver en justice les inci-
dents de leur vie commune. (M. Massol : *Sép. de corps,* p. 41.
— Aubry et Rau, t. V. p. 180 § 491 et note 34).

Reste la question de savoir si la manière dont l'époux demandeur s'est procuré les lettres par lui produites peut être une raison de les rejeter du débat. La jurisprudence décide que non.
(P. 42, 2, 645. — S. 42, 1, 490. — P. 67, 596. — S. 67, 2, 152).
Supposons que le demandeur les ait soustraites par ruse, qu'il
s'en soit emparé par autorité. C'est ici qu'intervient une distinction entre le mari et la femme, distinction que met en relief
l'arrêt de la cour de Bruxelles du 28 avril 1875 (D. P. 76. 2. 25).
Le mari a le droit d'intercepter, de prendre et de produire à
l'appui de sa demande les lettres écrites par sa femme en secret,
ou reçues par elle. On ne peut donc tirer contre lui une objec-
tion de la manière dont les lettres sont venues entre ses mains,
car elle est légitime, et se justifie, en droit, par son autorité
maritale, alors même qu'on déciderait vis-à-vis de la femme
qu'elle ne peut faire usage de lettres par elles soustraites, par
elle interceptées. Un arrêt de Besançon du 20 décembre 1862
(D. P. 63. 2. 63) et un arrêt d'Alger du 12 nov. 1866 (D. P.
67. 2. 126), font l'un et l'autre la distinction suivante : les lettres
sont-elles parvenues dans les mains de l'époux qui les possède
par des moyens licites ou même par hasard, il a le droit de
s'en servir. Il n'en a pas le droit si les lettres ont été détournées
de leur destination ou dérobées à celui qui en est propriétaire.
En vertu de cette distinction l'arrêt de Besançon a interdit à
une femme de verser au procès des lettres écrites par son mari

personne, en thèse générale, n'a le droit de commettre une indiscrétion. Mais, vis-à-vis des époux, les rigoureux principes de la loi fléchissent bien souvent; ainsi le vol commis par un conjoint au préjudice de l'autre n'entraîne point d'action pénale contre son auteur. Or, le mari qui a volé le secret de sa femme n'a fait que prendre ce qui lui était dû puisqu'entre époux tout doit être commun. Bien mieux, le mari n'a-t-il pas la garde de sa femme ? Il est le garant de sa moralité : à sa vigilance est confié l'honneur du foyer.

Si l'époux a une autorité comme le père, comme le tuteur, une différence existe cependant, quoique les conséquences pratiques à en tirer doivent être abandonnées au sens et au tact de chacun. Le père est investi d'un pouvoir pour diriger l'éducation, pour

à une concubine parce que la femme en avait eu communication par sa fille qui, selon toute apparence, s'en était emparée à l'insu de son père.

Par suite du même principe, la cour d'Alger a déclaré « qu'en admettant qu'on ne puisse donner à l'époux le droit d'intercepter les correspondances coupables de sa femme, on ne saurait lui contester celui d'empêcher ces correspondances d'arriver à destination lorsque le hasard les a faites tomber dans ses mains; celui aussi d'en rester détenteur et de s'en faire, le cas échéant, un moyen de preuve devant la justice. » La doctrine admet la même distinction. L'arrêt de la cour de Bruxelles est-il absolument inconciliable avec celui de la cour de Besançon ? Nous ne le pensons pas, si toutefois l'on admet sa décision avec les réserves et les restrictions qu'elle contient. Il déclare que le mari ne peut saisir, détruire ou contrôler les lettres confidentielles de sa femme, s'il n'a de très-sérieux motifs de le faire. En s'immisçant dans la correspondance de celle-ci, il doit agir plutôt en vertu d'un devoir que d'un droit absolu.

développer le cœur et l'esprit de son eufant ; le mari
a une autorité relativement à une personne presque
toujours arrivée à la plénitude de son développement
intellectuel et moral. Il doit le plus souvent respecter
des croyances, des manières de voir et de sentir qui
ne sont pas les siennes ; il ne doit exercer cette autorité que pour mettre obstacle à des actes de particu-
larisme ou d'entraînement individuel qui seraient
contraires à la concorde et à la dignité de la famille.
Il ne faut point, sous peine d'être illogique, refuser
au mari le moyen de faire respecter son autorité, et
celui de découvrir le secret irrégulier, tout au moins
suspect, d'une correspondance écrite que sa femme,
oublieuse des devoirs de l'intimité conjugale, entre-
tiendrait avec une tierce personne.

Mais le mari a un droit de contrôle dont l'exercice exige beaucoup de tact et de délicatesse ; la
défiance, la surveillance poussées à l'excès peuvent
aller jusqu'à l'injure. Non, ce droit de contrôle ne
va pas, à notre avis, jusqu'à permettre à l'époux
de s'immiscer arbitrairement dans la correspondance
particulière d'une épouse irréprochable, sans le libre
consentement de celle-ci, et dans le seul but de satisfaire une curiosité jalouse et blessante. Il faut que
le mari ait de sérieux motifs pour ouvrir les lettres
de sa femme ; qui ne voit combien il est périlleux
pour lui d'user de cette faculté que lui accorde l'arrêt de Bruxelles (28 avril 1875) ? Si les lettres sont
coupables, il aura bien fait de s'en saisir ; si elles
sont innocentes, l'arme dont il croyait user, se re-
tournera contre lui.

Par la séparation de corps l'épouse pourra s'affranchir d'une autorité qui aurait dégénéré en tyrannie. Il est, en effet, certain que la puissance maritale presque toujours latente, quand elle est efficace risque de provoquer ou de précipiter la discorde, quand elle s'exerce mal à propos et sans ménagement ; c'est là son écueil. D'un autre côté, aussi longtemps que les époux vivent dans une intimité harmonieuse, aussi longtemps que par affection, par dévouement ou par esprit de sacrifice ils veulent maintenir la vie commune, l'intervention du législateur qui trace des règles et pose des principes sur les rapports normaux des époux, paraît-elle oiseuse et inopportune (1).

(1) Voici un extrait d'une citation que le journal le *Droit* (n° du 25 décembre 1867) emprunte au *Courrier des Etats-Unis* :

La cour d'appel de Liouville vient de décider, une fois de plus, qu'un mari n'a pas le droit d'ouvrir les lettres particulières adressées à sa femme.

« Nous n'admettons pas que dans ce temps et dans ce pays l'autorité légitime d'un mari lui donne, pendant le mariage, le droit d'immixtion dans la chaste et amicale correspondance de sa femme, en tant qu'elle ne touche pas à ses propres droits ; ni que dans toute la plénitude de son pouvoir conjugal, il puisse, sans son libre consentement, prendre, détruire ou contrôler, d'une manière quelconque, la possession ou l'envoi de telles lettres... Au point de vue des convenances, et à tous les points de vue, de telles lettres écrites à une femme pour les garder, les lire et s'en délecter, lui appartiennent...

Le code actuel des lois anglaises et américaines reconnaît l'individualité et la responsabilité morale des épouses, et, par conséquent, garantit leur liberté de pensées et d'échange des sentiments. Leurs idées leur sont propres ; leurs émotions leur appartiennent ; et leurs affections ne sont qu'à elles. Un mari ne doit être ni un tyran ni un espion pour sa femme ; celle-ci n'est ni son esclave, ni sa maîtresse ; elle doit toujours être sa libre compagne et son égale. » V. aussi Rousseau, *Traité de la correspondance*, n° 140, p. 90.

Si le mari ne peut abuser de l'autorité morale qu'il a sur sa femme, s'il n'a pas le droit, par un système organisé de vexations, de lui rendre la vie insupportable, encore moins a-t-il celui de se faire obéir, par elle, en usant de moyens coercitifs. Qu'à cet égard, on ne se méprenne donc pas sur la dureté du devoir d'obéissance imposé à l'épouse ; la douceur de nos mœurs se charge d'en fixer la limite et l'étendue. Le mari du Code civil n'est plus celui de Beaumanoir ; ses caprices ne sont pas une loi domestique, et la femme n'est pas tenue de lui obéir s'il commande une chose absurde, immorale ou injuste. La loi veut que l'époux n'ait autorité sur sa femme qu'à la condition de la protéger, dans le sens le plus large du mot, c'est-à-dire, de donner satisfaction à tous ses besoins légitimes, physiques, intellectuels ou moraux.

Pendant toute sa vie, la femme est soumise à la puissance maritale ; mais, une fois le lien conjugal dissous, il peut s'élever de pénibles contestations sur le point de savoir à qui du mari ou des parents de l'épouse défunte, appartient le droit d'organiser les funérailles. Lorsqu'une femme mariée n'a pas, avant de mourir, manifesté l'intention d'être inhumée sans les prières et les cérémonies de sa religion, l'enterrement, dit un jugement récent du tribunal de Lille, doit avoir lieu, sur la demande de la famille, et nonobstant l'opposition du mari, avec le concours du ministre des cultes (D. P. 75, 3, 49.). — Quant à la vue d'une tombe ouverte, des parents et un conjoint

font appel à l'autorité judiciaire pour décider entre la
persistance des uns à vouloir célébrer les funérailles
conformément aux pratiques religieuses de la famille,
et la prétention des autres à repousser l'intervention
du clergé, nous pensons que la justice doit surtout
rechercher pour les faire respecter les dernières volontés de la personne défunte. Lorsqu'un doute subsistera
à cet égard, et spécialement lorsqu'il s'agira d'une
femme mariée, le juge pourra tenir compte de la puissance maritale. Assurément la seule opinion conforme
aux lois et aux mœurs de notre époque est celle qui
reconnaît l'indépendance de la femme au point de vue
de ses convictions religieuses. Aussi les tribunaux doi-
vent-ils, sans scrupule, repousser les prétentions du
mari quand son opposition aux cérémonies du culte
est motivée par un tout autre désir que de rendre un
dernier hommage aux convictions de l'épouse.

Mais voilà les parents en face du cadavre de leur
enfant : voilà le mari en présence de la dépouille de
sa femme; aucun d'eux ne veut s'éloigner de ces restes
précieux. Qui donc aura le droit, dans ce passionné
conflit, de désigner le lieu de sépulture de la défunte,
décédée sans avoir exprimé de vœu à cet égard ? Un
arrêt de la Cour de Bastia du 17 juillet 1865 accorde
la préférence aux héritiers, ou parents de la femme,
et de sérieuses considérations viennent à l'appui de
cette décision. Cependant malgré la mort qui a maté-
riellement rompu le mariage, ne reste-t-il pas entre
les époux ce lien moral du souvenir et de l'affection
qui rend impérissable l'union conjugale ? et alors

pourquoi séparer dans le tombeau deux êtres qui ont vécu sous le même toit ? Pourquoi refuser au mari le choix du dernier asile ? Aussi, le plus grand nombre des jugements et arrêts ont-ils fait prévaloir le droit du conjoint survivant contre les prétentions des héritiers et même des père et mère de la femme. (Nancy, 14 août 1869. D. P. 69, 2, 233.)

L'inégalité des rapports entré époux est un vestige du droit ancien. « La puissance du mari sur la personne de sa femme consiste dans le droit qu'il a d'exiger d'elle tous les devoirs de soumission qui sont dûs à un supérieur (Poth. *de la Puis. du mari*, n° 61.) — D'après la nature, au contraire, l'homme et la femme sont égaux, et nos lois consacrent cette égalité. Mais que le mariage unisse l'homme et la femme, établisse entre eux des rapports, l'instinct dominateur de l'homme reparait et nos lois le sanctionnent. « La force et l'audace, dit Portalis, sont du côté de l'homme, la timidité et la pudeur du côté de la femme. » Conclusion : l'homme est plus libre parce qu'il est plus fort. Pourquoi donc l'état de mariage est-il la cause occasionnelle de l'infériorité de la femme ? C'est, dit-on, parce que dans toute association de plusieurs êtres, il faut un pouvoir dirigeant qui imprime le mouvement commun ; or, dans le mariage, qui doit être ce pouvoir dirigent ? c'est ici qu'apparaît l'idée de faiblesse relative de la femme comparée à l'idée de force plus grande de l'homme et de là est né pour la femme le devoir d'obéissance et de soumission.

Cette inégalité entre les deux sexes est-elle

légitime? « On chercherait, en vain, dit Condorcet, de la justifier par les différences de leur organisation physique, par celles qu'on voudrait trouver dans la force de l'intelligence, dans leur sensibilité morale. Cette inégalité n'a eu d'autre origine que l'abus de la force, et c'est vainement qu'on a essayé depuis, de l'excuser par des sophismes. » Condorcet a raison. La femme, comme l'homme, a une âme immortelle : comme lui elle possède les dons de l'intelligence, de la raison, du cœur. Sans doute, il y a dans leur être des différences, mais n'y en a-t-il pas aussi parmi les hommes eux-mêmes et cependant ne sont-ils pas tous égaux ? Oui, cette inégalité entre le mari et la femme ce n'est pas le droit qui est son origine, c'est la force. Telle est encore malgré les adoucissements de nos mœurs et les dispositions plus douces de nos lois la base de la puissance maritale, car d'après la nature les deux époux se doivent mutuellement protection, mais ancun d'eux ne doit obéissance à l'autre. L'ordre, l'harmonie, l'unité ne procèdent dans toute société que de la liberté, jamais de la contrainte. (1)

(1) P. J. Proudhon aborde lui aussi la question ardue de l'émancipation sociale de la femme. L'homme et la femme, se demande-t-il, sont-ils égaux entre eux ou équivalents ? ou bien, sont-ils simplement complémentaires l'un de l'autre, de telle façon qu'il n'y ait entre les deux sexes ni égalité ni équivalence ? Dans tous les cas, quelle est la fonction sociale de la femme ? Partant, quelle est sa dignité ? quel est son droit ? quelle doit être sa considération dans la République ?

Après avoir ainsi posé le problème, il conclut à l'infériorité physique, intellectuelle et morale de la femme, prétendant montrer que ce qu'on appelle son émancipation est la même chose que sa prostitution.

CHAPITRE II

Incapacité légale de la Femme mariée.

SECTION I.— *Du fondement de l'incapacité ; son étendue.*

Aux idées de bon ordre et de prospérité dans la famille, d'unité de direction dans les affaires du ménage se rattache la théorie de l'incapacité de la femme

Au point de vue physique, dit-il, la discussion ne saurait être longue : tout le monde passe condamnation... L'infériorité physique de la femme résulte de sa *non-masculinité*. L'être humain complet, adéquat à sa destinée, je parle du physique, c'est le *mâle* qui, par sa *virilité* atteint le plus haut degré de tension musculaire et nerveuse que comportent sa nature et sa fin, et par là, le maximum d'action dans le travail et le combat. La femme est un diminutif de l'homme... quelle que soit sa fin, à quelque dignité qu'elle doive s'élever un jour, elle n'en reste pas moins, de ce premier chef de la constitution physique, inférieure devant l'homme, une sorte de moyen terme entre lui et le reste du monde animal.

En raison de l'influence réciproque, intime, du corps sur l'âme et de l'âme sur le corps, la force physique n'est pas moins nécessaire au travail de la pensée qu'à celui des muscles, de sorte que, sauf le cas de maladie, la pensée en tout être vivant est proportionnelle à la force. —D'où cette première conséquence : la même cause qui fait qu'aucune femme, parmi les plus doctes, ne peut atteindre à la hauteur d'un Leibnitz. d'un Voltaire, d'un Cuvier, fait également que, dans la masse, la femme ne peut soutenir l'attention cérébrale de l'homme ... De plus, l'infirmité intellectuelle de la femme porte sur la qualité du produit autant que sur l'intensité et la durée de l'action ; et comme dans cette faible nature, la défectuosité de l'idée résulte du peu d'énergie de la pensée, on peut dire que la femme a l'esprit essentiellement faux, d'une fausseté irrémédiable.... Chez elle, la faiblesse ou, pour mieux dire, l'inertie de l'intellect, en ce qui concerne

mariée. La question du fondement de l'incapacité si controversée dans l'ancien droit ne l'est pas moins aujourd'hui.

L'origine de cette incapacité ne remonte pas à la législation romaine, car la femme était, à Rome, ou bien *in manu mariti* et alors, fille de famille à l'égard du mari, sa condition n'avait rien de celle de l'épouse actuelle, ou bien elle n'était pas *in manu*, et jouissait, en ce cas, d'une entière capacité ; parfaitement capable

l'aperception des rapports ou des raisons des choses, est constante. Capable, jusqu'à un certain point, d'appréhender une vérité trouvée, elle n'est douée d'aucune initiative ; et sans l'homme qui lui sert de révélateur et de verbe, elle ne sortirait pas de l'état bestial. Le génie (Proudhon entend par là la faculté de création des idées) est donc la *virilité* de l'esprit, sa puissance d'abstraction, de généralisation, d'invention, de conception, dont l'enfant, l'eunuque et la femme sont également dépourvus..,

Enfin, la conscience de la femme étant plus débile de toute la différence qui sépare son esprit du nôtre, sa moralité est d'une autre nature ; ce qu'elle conçoit comme bien et mal, n'est pas identiquement le même que ce que l'homme conçoit comme bien et mal, en sorte que, relativement à nous, la femme doit être considérée comme un être immoral... . Tout ce qui lui manque naturellement, et qu'elle acquiert dans son union avec l'homme, c'est par l'amour qu'elle le reçoit..... Dès lors, puisqu'elle reçoit tout de l'homme, qu'elle n'est rien que par l'homme et par l'amour, la femme ne peut aller de pair avec l'homme. Inférieure à lui par la conscience autant que par la puissance intellectuelle et la force musculaire, la femme se trouve définitivement comme membre de la société tant domestique que civile, rejetée sur le second plan ; sa subordination est inévitable. De par la nature et devant la justice, elle ne pèse pas le tiers de l'homme ; en sorte que l'émancipation que l'on revendique en son nom serait la consécration légale de sa misère pour ne pas dire de sa servitude.

(P.-J. Proudhon, *De la Justice dans la Révolution et dans l'Eglise* : tome III).

de s'obliger pour elle-même, le S.-C. Vélléien l'empêchait seulement *d'intercéder* pour autrui.

C'est dans le droit coutumier que nous devons rechercher la source de l'incapacité de la femme. « Femmes
sont en la puissance de leurs maris. » « Ne peuvent
contracter ni ester en jugement sans l'autorisation
d'iceulx, » disent nos anciens axiômes ; mais « si le
mari est refusant de les autoriser, elles seront auto-
risées par justice, et le jugement qui interviendra
contre elles, exécuté sur les biens de la communauté,
icelle dissolue. » Pothier ajoute : « le besoin qu'a la
femme de cette autorisation n'est pas fondé sur la faiblesse de sa raison, mais sur la puissance qu'a le mari
sur la personne de sa femme qui ne permet pas à sa
femme de rien faire que dépendamment de lui.
Traité de la puissance du mari ».La puissance maritale, c'est-à-dire l'obligation d'obéissance dont la femme
est tenue envers le mari, est en effet le seul obstacle
qui s'oppose à la capacité de la femme. Mais quelle
est actuellement la nature de cette puissance ? Nos
jurisconsultes ont évidemment admis la théorie du
xvie siècle. La femme est assimilée au mineur ; par
le fait du mariage, elle renonce au bénéfice de l'émancipation. Aussi en cas de minorité du mari, l'autorisation du juge est-elle nécessaire à la femme soit
pour ester en jugement soit pour contracter, art. 224.
L'action en nullité accordée à la femme comme celle
donnée au mineur dure dix ans ; les actes qui portent atteinte à la puissance maritale ne constituent
qu'une nullité relative ; ils sont ratifiables. Il en serait

tout autrement si la puissance maritale était *sui generis*.

Comme le mineur et l'interdit la femme est donc incapable. Mais le motif de son incapacité a une tout autre cause. L'incapacité du mineur et celle de l'interdit sont un effet direct d'une présomption d'insuffisance de la raison ou de maladie de certains organes. Il est au contraire évident que l'incapacité de la femme ne saurait avoir pour fondement des considérations tirées de la faiblesse du sexe envisagé en lui-même, car la femme, fille ou veuve, jouit, en général, de la même capacité que les hommes, au point de vue de ses droits civils. « La puissance maritale, dit Guy-Coquille n'est pas empêchement essentiel et en la même personne de la femme, mais en dehors et par accident. La femme en soi est habile à contracter et, l'accident qui l'empéche étant ôté, son obligation qui a pris source de sa volonté en laquelle elle était libre reprend sa vigueur qui était abombrée et couverte par la puissance du mari. » Le motif de l'incapacité le cherchera-t-on dans l'inaptitude aux affaires dont la femme donne généralement l'exemple ? Pas davantage.

La loi elle-même donne à la femme la tutelle de son mari interdit et à la mère la puissance paternelle et la puissance tutélaire sur ses enfants. Le mariage, enfin, n'est-il pas pour la femme une école d'éducation, de perfectionnement intellectuel et moral, une école d'expérience ? Si l'incapacité n'avait d'autre fondement que la puissance maritale, la femme, recouvrant sa capacité naturelle, n'aurait pas besoin de recourir à la justice pour se faire autoriser quand son mari est mineur, interdit, absent ou déchu de ses droits civils et de famille. Aujourd'hui l'incapacité n'est plus fondée sur une raison de décence; d'ordre public, elle est faite dans l'intérêt de ceux qui peuvent se prévaloir de la nullité de l'acte qui en résulte. Le mari le peut, parce que son autorité a été méconnue; la femme le peut, parce qu'elle a un intérêt à invoquer. M. Valette enseigne que « l'autorité maritale qui, en principe, relève seule la femme de son incapacité, est exigée non seulement pour maintenir l'autorité du mari, mais aussi dans le but de protéger les intérêts de la femme. » (*Exp. som.* p. 119). M. Demolombe conclut en disant que l'autorisation n'est fondée que sur la nécessité de maintenir l'autorité maritale et qu'elle n'a pas pour principe l'intérêt particulier et individuel de la femme (Demol. t. IV.). « On peut faire de l'autorisation maritale, écrit M. Gide (p. 559), ou un secours au profit de la femme incapable, ou un instrument d'autorité entre les mains du mari. Entre ces deux doctrines, le code a suivi une ligne indécise; inclinant d'abord vers le premier système, il veut que l'autorisation soit spéciale, que le contrôle de la justice remplace au besoin celui du mari incapable, que la femme non autorisée puisse agir elle-même en nullité. Puis, tournant brusquement vers la doctrine contraire, il laisse la femme libre, en général, de contracter avec son mari sans aucun contrôle, sans aucune autorisation. » C'est ainsi que l'incapacité de la femme résulte du mariage lui-même ; elle est encore une conséquence de la puissance maritale. Cette puissance qui confère au mari des droits si étendus lui impose notamment l'obligation de veiller à la garde de tous les intérêts qui se rattachent à l'union conjugale. Que le législateur ait, tout à la fois, voulu sanctionner le devoir d'obéissance imposé à la femme, et sauvegarder, tout en protégeant celle-ci, les priviléges du mari, assurer enfin la paix, l'unité du ménage, il n'en est pas moins vrai que toujours l'idée de faiblesse relative de la femme comparée à l'idée de force plus grande de l'homme a fait donner à celui-ci la suprématie. « La prééminence de l'homme, dit Portalis (*Exp. des mot.* : Fenet. t. 9, p. 178) est indiqué par la constitution même de son être. » Il s'agit simplement de savoir si, en droit pur, il est possible de justifier la théorie du code et le principe même de l'incapacité de la femme.

Quoiqu'il en soit l'incapacité commence et finit avec le mariage : elle est d'ordre public. La séparation de corps qui rompt seulement la vie commune, laisse subsister l'autorisation maritale, mais, en entraînant la séparation de biens, donne à la femme la libre administration de son patrimoine.

SECTION II. — *Des droits de la femme dans les différends régimes matrimoniaux ; étendue de son incapacité.*

Abstraction faite de ses conventions matrimoniales, la femme en pouvoir de mari est incapable de faire

aucun acte de la vie civile. Mais la question d'incapacité qui reste simple et dégagée sous le régime
de séparation de biens se complique, dans les
autres régimes, par la combinaison des droits de
propriété et de droits d'usufruit sur tout ou partie de
tels ou tels biens, et par la combinaison des droits
d'administration conférés par la femme au mari sur
les biens communs ou à lui donnés en jouissance.

Il est donc indispensable pour compléter l'idée d'incapacité par celle du régime d'examiner les divers régimes matrimoniaux, en en dégageant les traits qui se
réfèrent principalement à l'incapacité.

Le mariage supposant les dépenses d'une vie commune et de l'éducation des enfants communs, dans
quelle proportion les dépenses seront-elles supportées
par chacun des époux ? et subsidiairement : qui est-ce
qui administrera les biens de l'un et de l'autre des
époux à l'effet de leur faire produire les revenus des-
tinés à solder les dépenses dans les limites de la contribution personnelle ? Telles sont les deux questions
que résout le contrat de mariage : contribution et
administration, voilà ce qu'il y a dans ce mot *régime*.
La loi consacre la liberté des conventions matrimoniales en tant qu'elles portent sur le règlement des
droits respectifs des époux sur les biens. Les parties
qui ont négligé de faire le choix d'un régime se
trouvent mariées sous celui de la communauté légale.

§ 1. *De la Communauté légale.* — Elle se compose
(1401), 1° en *propriété,* de tout le mobilier présent et

futur des époux, et des immeubles acquis à titre onéreux pendant le mariage ; 2° en *jouissance*, de tous les revenus des biens propres.

On exclut de la communauté, c'est-à dire restent propres, les immeubles qui appartiennent aux époux, le jour du mariage, ceux acquis à titre gratuit durant le mariage et les meubles incessibles ou insaisissables, comme les pensions de retraite, et les rentes viagères dues par la caisse de la vieillesse (L. 8 mai, 12, 18 ; 25 juin 1850). (1)

Le passif de la communauté correspond naturellement à l'actif.

Le mari a l'administration de tous les biens appartenant à la communauté, soit en propriété, soit en jouissance. Quant aux biens qui sont la propriété de la communauté, ses pouvoirs sont tellement larges qu'ils égalent presque ceux d'un propriétaire. Vis-à-vis de ceux qui ne tombent en communauté qu'à titre de jouissance soit à l'égard des propres de la femme, le mari n'a que les droits d'un administrateur ordinaire (1428 et suiv.) à moins que la femme ne se soit, par contrat de mariage, réservé de les administrer

(1) Nous lisons dans la *Gazette des Tribunaux* du 8 juin 1873 : Les portraits d'une mère et d'une aïeule donnés par celles-ci à leur fille sont une propriété toute personnelle qui ne saurait être soumise, sans restriction, même à l'application des règles relatives aux droits du mari sur les objets mobiliers appartenant à sa femme commune en biens ; l'engagement qu'aurait pris ce dernier d'en opérer la remise, en suite de la liquidation des successions et communauté de sa belle-mère ne peut obliger valablement sa femme sans le concours de celle-ci.

elle-même. Dans ce cas, il faudrait que l'usufruit de ces propres eut été expressément enlevé à la communauté, car, si la communauté en restait usufruitière, le mari conserverait nécessairement, en qualité de chef, l'administration des propres de sa femme; cela nous amène à constater qu'il y a trois patrimoines dans la communauté, celui du mari, celui de la femme, celui de la communauté elle-même. Par rapport à ces divers patrimoines nous connaissons les pouvoirs du mari. La femme, au contraire, (si ce n'est quand elle est marchande publique,) ne peut s'obliger ni exercer aucune action non-seulement par rapport aux biens de la communauté mais encore relativement à ses propres biens, sans le consentement de son mari. Mais les clauses de la communauté conventionnelle (1497-1529) peuvent modifier, à certains égards, celles de la communauté légale. La femme peut notamment se réserver, par contrat de mariage, la pleine propriété, par conséquent l'administration de tout ou partie de ses biens personnels; toutefois, il est expressément défendu aux époux de stipuler que la femme aura l'administration des biens communs (1388). A l'égard des biens réservés, les actes civils que peut faire la femme, incapacité mise à part, sont ceux que peut faire tout propriétaire. Si en dehors des effets naturels du régime lui-même, on tient compte encore du principe de l'incapacité de la femme, le droit de cette dernière se trouve singulièrement amoindri; elle ne conserve que l'administration de ses biens réservés. C'est au sujet de l'étendue de ce droit que naît le conflit entre l'incapacité et le

11

régime : l'idée de l'incapacité et celle du droit d'administrer ne se combinent pas toujours facilement et jamais sans que l'une ne fasse échec à l'autre.

En compensation des priviléges du mari et de ses droits sur les biens de la communauté, la loi reconnaît à la femme la faculté :

1° De demander, s'il y a lieu, la séparation de biens judiciaire (1443); par exemple si la gestion du mari devient à ce point désastreuse que la femme ait à craindre de ne pas retrouver son apport dans le fonds social; elle peut alors provoquer la destitution de ce gérant incapable, d'ores et déjà faire dissoudre la société, en retirer le débris de sa fortune personnelle et l'administrer elle-même (1).

(1) On sait que la jurisprudence admet que l'interdiction du mari ne suffit pas, par elle-même, pour faire prononcer la séparation de biens. Or, dans une espèce qui fut soumise au tribunal civil de la Seine, à l'audience du 25 août 1868, le mari n'était même pas interdit, mais un jugement de la Chambre du conseil du tribunal lui avait nommé un administrateur aux biens. En ces circonstances, le tribunal décida que la femme commune avait le droit de demander la séparation de biens contre son mari atteint de paralysie générale, caractérisée par un affaiblissement de ses facultés et ne présentant aucune chance de guérison : « Attendu, dit ce jugement, que le mari n'est pas administrateur des biens de la femme, en vertu de la loi seulement; qu'il tient également son mandat de cette dernière, qui n'usant pas de la faculté à elle accordée de stipuler dans le contrat de mariage la séparation de biens, affirme, par cela même sa confiance entière dans l'administration de ses biens qu'elle adandonne à son mari en considération de sa personne et des garanties suffisantes qu'il lui offrait; que son consentement serait donc nécessaire pour apporter sur ce point une modification aussi importante à la convention, et d'autre part, qu'aucune disposition expresse de la loi n'oblige la femme à

2° d'accepter ou de répudier la communauté dis-
soute (1453).

3° dans le cas où elle l'accepte, de n'être tenue des
dettes que jusqu'à concurrence de son émolument,
à la condition d'avoir fait inventaire (1483).

La séparation de corps entraîne aussi de plein droit
la séparation de biens, art. 311. Elle dissout donc la
communauté conjugale et si les époux sont mariés sous
un autre régime que celui de la communauté elle emporte, pour le mari, l'obligation de restituer à la femme la totalité de ses biens dont il avait la jouissance
et l'administration. (Art. 1441 § 5., 1531 et 1563).

La femme commune en biens, demanderesse ou
défenderesse en séparation de corps, est, à partir de
l'ordonnance dont parle l'art. 878 du code de procédure, autorisée à requérir, pour la conservation de ses
droits, l'apposition des scellés sur les effets mobiliers
de la communauté, art. 270. Elle peut également provoquer la levée des scellés faire inventaire et demander que les deniers communs soient déposés à la caisse des consignatious. Elle peut même, mais avec l'autorisation du juge saisir-arrêter, par mesure conservatoire, jusqu'à concurrence du montant approximatif
de ses droits comme commune et de ses reprises les

---

subir un mandataire autre que celui qu'elle a choisi en contractant mariage et à rester pour ainsi dire sous la tutelle d'un
tiers substitué au mari ; que ce serait placer la femme dans une
position de dépendance blessante pour sa dignité personnelle et de
mère de famille... Déclare, par ces motifs, la femme Guény
séparée de biens d'avec son mari, etc...

sommes dues par des tiers à la communauté. (Aubry et Rau, t. V. p. 196).

Enfin toutes les obligations contractées par le mari à la charge de la communauté, et les aliénations qu'il a faites des objets qui en dépendent (1), postérieurement à l'ordonnance dont il est parlé en l'article 258 du code civil et 878 du code de procédure doivent être annulées, lorsqu'elles ont été contractées ou faites en fraude des droits de la femme, et que les tiers avec lesquels le mari a traité ont été complices de la fraude. Malgré la bonne foi de ces derniers, la femme n'en serait pas moins fondée à demander que son mari l'indemnisât jusqu'à concurrenee de la moitié des valeurs communes dont il aurait essayé de la frustrer, art. 271 (2).

On prétendrait à tort que le droit de la femme à la moitié des biens de la communauté ne s'ouvre qu'à la

---

(1) L'art. 271 ne parle que des aliénations immobilières ; nous pensons qu'il s'applique aussi aux aliénations frauduleuses de valeurs mobilières : *par est ratio,* Aubry et Rau, t. V., p. 204, note 20.

(2) Entre l'action paulienne, art. 1167, et l'action que l'art. 271 donne à la femme, il y a cette différence qu'il n'y a pas lieu, dans la matière qui nous occupe, de tenir compte du caractère onéreux ou gratuit des actes attaqués. En effet, les donations immobilières faites par le mari ne sont pas simplement révocables par application de l'art. 1167, mais elles sont annulables encore comme excédant les limites de ses pouvoirs ; quant aux donations d'objets mobiliers, au contraire, elles ne peuvent être révoquées en raison du seul préjudice qu'elles ont causé à la femme, puisqu'elles rentrent dans le droit de disposition du mari, de sorte qu'elles ne sont révocables que comme frauduleuses, et qu'autant que les tiers ont été complices de la fraude. Cpr. art. 1422. — (Aubry et Rau, note 21., t. V., p. 204).

dissolution de ce régime. Il prend naissance en même temps que le droit du mari sur l'autre moitié. Par suite, la femme a qualité, après cette dissolution, pour attaquer comme faits en fraude de ses droits des actes (de vente, par exemple,) passés par son mari avec des tiers durant l'existence même de la communauté.

L'action de la femme tendant à faire annuler, comme faite en fraude de ses droits, une vente des biens de la communauté passée par le mari, peut être dirigée contre l'acquéreur sans qu'il soit besoin d'attendre, pour cela, le résultat du recours exercé contre le mari, s'il est dès à présent établi que ce dernier est en état de complète insolvabilité.

À quelque époque qu'ils soient intervenus, la femme commune peut attaquer les actes passés par le mari avec des tiers, en fraude de ses droits. Vainement argumenterait-on de l'art. 271 d'après lequel les actes faits par le mari en fraude des droits de la femme doivent être déclarés nuls, s'ils ont été consentis postérieurement à la date de l'ordonnance prescrite par l'art. 238, pour soutenir que les actes frauduleux antérieurs à cette ordonnance ne peuvent être annulés. Cet article ne fait pas obstacle à l'application de la disposition générale de l'art. 1167. Il ne vise que les actes par lesquels le mari peut, sous l'impression de l'irritation que lui cause la demande en séparation de corps faite par sa femme, chercher à dépouiller celle-ci des avantages que lui assure la communauté (1).

_____

(1) Nous ne saurions mieux faire, à propos du sujet que nous

§ 2. Du régime exclusif de communauté. — Chaque époux conserve la propriété de son patrimoine mobilier ou immobilier; il n'y a pas entre eux société de biens. Leurs dettes restent séparées, et les acquisitions que l'un d'eux fait, à un titre quelconque, lui demeurent propres.

Suivant notre sentiment il faut regarder comme existante dans notre droit la présomption légale établie contre la femme par la loi Quintus Mucius.

traitons, que de citer quelques lignes d'un intéressant arrêt de la Cour de Colmar du 25 fév. 1857, (S. 57, 2, 323); il caractérise très-nettement la condition de la femme vis-à-vis de son mari et le droit si difficile à bien définir qui lui appartient, durant la communauté sur les biens qui dépendent de cette dernière.

« Considérant, que si, durant la communauté, la femme n'a aucun droit actif sur les biens qui la composent : que si, par respect pour l'autorité maritale elle est obligée d'en abandonner l'administration au chef de la communauté ; que si même elle ne peut s'opposer à l'aliénation des biens, qui sont cependant le produit d'un labeur commun et qui parfois même ne sont dûs qu'à ses soins et a son économie, il n'est cependant pas exact de soutenir que la femme n'a aucun droit acquis sur les biens de la communauté aussi longtemps que cette communauté subsiste : que, tout au contraire, son droit à la moitié de ces biens s'acquiert et se constitue en même temps que le droit de son mari lui-même sur l'autre moitié; que la fortune de la femme relativement à ces valeurs communes s'établit, s'accroît ou se perd, à mesure que la communauté elle-même acquiert, s'enrichit ou se ruine; qu'en d'autres termes, la femme est dans la communauté un associé pour moitié, un associé inerte, muet, dormant, si l'on veut, mais qui se réveille et qui reprend et parole et action pour faire tomber les actes faits au préjudice de ses droits, une fois que la dissolution de la communauté lui a rendu sa liberté; qu'ainsi, il faut reconnaître que la femme Hochnœndel a qualité pour attaquer les actes qui auraient été faits en fraude de droits qui lui compétaient sur les biens de la communauté... etc. »

En principe, c'est donc à la femme ou à ses héritiers à prouver que le prix de l'acquisition faite par elle, quoique quittancé à son nom, a été payé de ses deniers propres; or comme sous le régime exclusif de communauté, toutes les économies faites au moyen des revenus de la femme appartiennent généralement au mari, la preuve à faire par celle-ci ou ses héritiers de l'origine des deniers remis sera difficile. Marcadé regarde la présomption mucienne comme abrogée par la loi du 30 ventôse an XII. M. Troplong croit au contraire qu'elle existe tout au moins dans le cas où la femme mariée sous le régime dotal n'a ni biens paraphernaux, ni industrie propre, ni commerce séparé de celui de son mari; mais on doit, nous le répétons, s'en tenir au principe absolu qu'il y a présomption que l'acquisition est faite avec les deniers du mari. C'est le moyen pour les héritiers réservataires de parer aux avantages indirects que le mari aurait pu faire à sa femme, sans avoir à prouver, même à l'aide de simples présomptions l'existence et l'étendue de pareils avantages. La jurisprudence a consacré l'opinion de M. Troplong. Quant à l'arrêt le plus récent de la cour de cassation (civ. cass. 6 mars 1866 : Sir. 66, 1, 253) il admet implicitement la présomption dont il s'agit; il rejette la demande d'une femme dotale qui réclamait, comme lui appartenant, un bien acquis, disait-elle, avec ses deniers, mais qui ne faisait pas la preuve que ces deniers lui appartinssent (1).

(1) En disant que l'abrogation de la loi Quintus Mucius n'au-

Le mari conserve, dans le régime exclusif de communauté, l'administration de la fortune entière de sa femme; il en a aussi la jouissance, à la condition de supporter les dépenses générales de la famille. Les revenus de tous ces biens lui appartiennent et seul, de cette manière, il profite des économies qu'il est en mesure de réaliser (1). Sous ce régime, de tous

rait qu'un faible intérêt pratiqne, Marcadé se trompe. La vérité est, au contraire, que dans un procès entre les héritiers du mari prétendant que les biens acquis au nom de la femme ont été payés des deniers du mari, et la femme prétendant les avoir payés de son argent, la preuve que la femme n'avait pas de quoi les payer incomberait suivant le droit commun, art. 1315, aux héritiers demandeurs au lieu que la présomption mucienne les dispenserait dans ce cas de toute preuve et obligerait la femme à faire la preuve contraire. (Aubry et Rau t. V., § 531., p. 511. — Marcadé, sur les art. 1529 à 1533; contrà Troplong III 2245 à 2247. — Voy. aussi une dissertation latine sur la présomption mucienne par Holtius. Acad. de législ. t. 4. p. 165).

(1) Mais le mari n'a pas droit, en sa qualité d'usufruitier, aux produits des talents artistiques ou littéraires de sa femme, ni à ceux d'une industrie ou profession distincte et indépendante de celle qu'il exerce lui-même. La femme demeure donc propriétaire des capitaux provenant d'une telle origine et des acquisitions qu'elle a pu faire au moyen de ces capitaux. Plusieurs auteurs combattent cependant cette opinion; ils prétendent que l'industrie est un capital dont les produits constituent de véritables fruits qui, à ce titre, doivent appartenir au mari.

Si l'industrie peut, au point de vue économique, disent MM. Aubry et Rau, être considérée comme un capital, ce n'est pas une raison pour en conclure que les produits de l'industrie ne constituent, en tant qu'il s'agit de l'application des règles du droit civil que de simples fruits ou revenus.

Les rédacteurs du Code distinguent d'ailleurs entre les acquêts provenant de l'industrie des époux, et ceux qui sont le résultat d'économies faites sur les fruits et revenus de leurs biens. (Art. 1498.)

le plus égoïste, la femme n'ayant aucun espoir de s'enrichir même par le fruit de l'épargne ou de son travail quotidien est tout-à-fait désintéressée de la prospérité du ménage.

Quant aux actes civils qu'elle peut faire, abstraction faite de son incapacité générale, il y a lieu de distinguer, comme sous le régime de la communauté, si elle a laissé au mari la jouissance et l'administration de tous ses biens ou si elle s'est réservée la jouissance et l'administration de certains d'entre eux. On se retrouve alors en présence du même conflit et des mêmes solutions.

§ 3. Du régime dotal. — Ce qui caractérise le régime dotal, ce n'est pas la dot, puisque la dot étant ce que les époux apportent pour leur contribution personnelle aux charges du mariage, il y a dot sous tous les régimes, c'est seulement l'inaliénabilité des immeubles dotaux, inaliénabilité qui existe de plein droit, à moins de disposition contraire dans le contrat de mariage.

Le mari a la jouissance des biens dotaux de la femme; la femme conserve celle de ses biens non constitués en dot c'est-à-dire de ses paraphernaux. Le mari administre les premiers, la femme les seconds. Il y a donc lieu de s'en référer aux régimes précédents pour savoir les actes civils que peut faire la femme sous ce régime, d'après la distinction des biens en dotaux et paraphernaux. L'inaliénabilité du fonds dotal ne soulève pas de question d'incapacité. Elle affecte seulement le bien; c'est un des caractères du fonds dotal que le mari ni la femme ne peuvent effacer.

§ 4. DE LA SÉPARATION DE BIENS. — Ce régime est le type que le législateur aurait dû adopter comme régime de droit commun, car il est le plus simple, par conséquent le plus naturel et le plus conforme à la situation respective des personnes qui se marient sans faire de conventions matrimoniales. Suivant qu'il y a séparation stipulée par contrat de mariage ou séparation judiciaire, chacun des époux conserve ou reprend la propriété, la jouissance et l'administration de ses biens personnels; ici nous apparaît le conflit constant de l'incapacité et du régime.

A défaut de conventions expresses, la femme, sous la séparation contractuelle, doit, pour sa contribution aux charges du ménage, verser entre les mains du mari un tiers de ses revenus; sous la séparation judiciaire, la contribution des époux est fournie proportionnellement aux facultés de chacun. (1448). Ce régime est celui qui laisse le plus d'indépendance à la femme; elle peut aliéner ses meubles à titre onéreux, mais il lui est défendu de les aliéner à titre gratuit ainsi que ses immeubles, même à titre onéreux, sans le consentement de son mari.

Enfin, sous tous les régimes, une hypothèque légale grevant tous les immeubles du mari assure et garantit à la femme ses droits matrimoniaux. Cependant, comme cette hypothèque est de nature à porter atteinte au crédit du mari, la femme peut y renoncer au profit de tel ou tel créancier de son époux, subroger ce créancier dans son hypothèque, lui en transmettre, en un mot, le bénéfice. Mais exceptionnellement, elle ne peut pas renoncer ou subroger à l'hypothèque légale garantissant la restitution de la dot, sous le régime dotal : c'est là une conséquence de l'inaliénabilité. (1)

L'incapacité de la femme se réfère à deux ordres d'actes; nous l'étudierons en matière extrajudiciaire, et judiciaire.

Conformément à la règle générale, la femme marchande publique ne peut, sans autorisation, ester en justice, même à propos de contestations relatives à son commerce.

SECTION II. — *De l'incapacité de la Femme en matière extrajudiciaire.*

L'incapacité de la femme est générale ; elle existe sous tous les régimes et résulte implicitement des art. 220, 221, 222, 224 et 1224 du Code civil. D'après l'article 217, la femme, même non commune ou séparée de biens, ne peut donner, aliéner, hypothéquer, acquérir à titre gratuit ou onéreux, sans le concours du mari dans l'acte ou son consentement par écrit. Incapacité d'aliéner, incapacité d'acquérir, tels sont les deux termes que contient l'art. 217.

(1) L'hypothèque légale que la loi accorde à la femme sur les biens de son mari ne peut, pendant la durée du mariage, être réduite sur la demande du mari, qu'avec le consentement de la femme. (Caen, 26 décembre 1867. D. P. 68, 2, 212. — Civ. R. 23 juin 1868. D. P. 68, 1, 318.)

§ 1. DE L'INCAPACITÉ D'ALIÉNER. — L'aliénation est à titre onéreux lorsque la personne reçoit en retour de sa chose dont elle transfère la propriété, un équivalent pécuniaire ou appréciable en argent, comme dans la vente et l'échange; elle est à titre gratuit, dans le cas contraire, par exemple dans la donation. Mais l'aliénation n'implique pas nécessairement l'idée de la translation de la pleine propriété; la propriété, en effet, étant susceptible de démembrements, il était inutile que le code défendit expressément à la femme de consentir une constitution d'hypothèque, de servitude réelle, d'usufruit ou d'usage sur ses biens, mais il était, au contraire, utile que la loi reconnut à la femme le droit de tester (226).

Donc, en principe, la femme est incapable de donner, d'aliéner, d'hypothéquer; est-elle incapable aussi de s'obliger ? l'art. 217 est muet sur ce point. Question oiseuse, dira-t-on, car la personne qui s'oblige, *oblige le sien*; elle cède à son créancier, pour le cas où elle n'acquitterait pas son obligation, le droit de faire vendre les biens qu'elle possède. Toute obligation contient, à ce titre, le germe d'une aliénation ; la capacité de s'obliger suppose donc celle d'aliéner, or si la femme est incapable de s'aliéner, elle est, par cela même, incapable de s'obliger. Ce principe est indiscutable. Si, en effet, dans tous les cas la femme était incapable d'aliéner elle serait toujours aussi incapable de s'obliger, mais il n'en est pas ainsi. D'un côté, nous savons que la femme séparée de biens a la libre administration de sa fortune et le droit d'aliéner à titre onéreux son mobilier (1449). Dans ce cas, l'influence du régime se manifeste ouvertement contre l'incapacité ; et, comme le droit d'administrer ne saurait se concevoir sans une certaine capacité de s'obliger contractuellement, il en résulte, d'autre part, que sous le régime dotal à l'égard des paraphernaux et sous les deux autres régimes quant aux biens dont la femme s'est réservée l'administration, le pouvoir d'administrer heurte de front l'incapacité. Ce pouvoir rend nécessairement à la femme le droit d'aliéner et d'acquérir à titre onéreux, *dans une certaine mesure.* Elle est donc capable des contrats qui ont pour objet des actes d'administration : les actes d'administration sont ceux par lesquels un propriétaire, par lui-même ou par un mandataire, veille à la conservation de sa fortune, fait valoir et produire ses biens sans les compromettre par de téméraires spéculations. Par tous ces actes, la femme oblige son patrimoine tout entier. Vainement, prétendrait-on que, par ces actes, la femme n'oblige que ses meubles; le § 3 de l'art. 1449, confirmation de l'art. 217 : « Elle ne peut aliéner ses immeubles sans le consentement de son mari, » ne restreint pas l'application du § 1er qui donne à la femme séparée de biens la capacité d'administrer. Reconnaître à une personne le pouvoir d'administrer, n'est-ce pas lui garantir l'exercice de ce droit, la livrer à toutes ses conséquences. Quand donc la femme a, par exemple, traité avec un ouvrier pour la réparation de quelqu'un de ses biens, quand l'engagement pris a la nature et les caractères d'un acte d'administration, l'exécution de cette obligation peut être poursuivie, tant sur ses meubles que sur ses immeubles conformément au principe de l'art. 2092; qui veut la fin veut les moyens. (Val. sur Proud. t. 1. p. 465. — Demol. t. II, n° 161).

Conclusion : La femme qui n'est point autorisée ne peut faire ni recevoir une donation, ni aliéner, ni acquérir à titre onéreux, et par conséquent, ni acheter, ni vendre, ni hypothéquer... Elle est absolument incapable de faire aucun acte susceptible de produire un effet juridique pour ou contre elle, art. 217; à ne considérer que les termes de cet article, on croirait que la règle que nous venons de poser est indépendante du régime sous lequel la femme est mariée. Il n'en est rien pourtant. L'incapacité de la femme existe sous tous les régimes; elle varie seulement d'étendue, d'après la distinction suivante : si la femme ne s'est pas réservé le droit d'administrer ses biens en tout ou en partie, son incapacité absolue, radicale, a trait et aux actes d'administration et aux actes de disposition. La femme est complétement incapable; elle ne peut faire aucun acte de la vie civile sans autorisation de son mari. Que si, au contraire, les conventions matrimoniales lui ont attribué l'administration de tout ou partie de son patrimoine, son incapacité n'est point si générale; incapable seulement de se livrer à certains actes d'aliénation, elle peut faire, sans autorisation, tous actes conservatoires et d'administration, tels que sommations, protêts, saisies-arrêts (1) ; elle peut aussi poursuivre le rem-

(1) Les femmes (aussi bien que les mineurs, les interdits, ou

boursement de ses capitaux, de ses rentes, en donner valablement décharge, faire le placement de ses fonds sur les particuliers, avec ou sans hypothèques, soit en actions dans une société, pourvu qu'il n'en résulte à sa charge aucune obligation personnelle, une fois le versement effectué, céder et transporter ses créances, requérir l'inscription de son hypothèque légale, interrompre la prescription, passer des baux qui n'excèdent pas une durée de neuf années, opérer la vente de ses récoltes, celle de ses coupes de bois quand ces bois sont exploités en coupe réglée, faire un marché avec des ouvriers pour l'entretien et la réparation de ses biens, etc....

En un mot, « la femme séparée de corps et de biens, soit de biens seulement, en reprend la libre administration ; elle peut disposer de son mobilier et l'aliéner... art. 1449. » Que résulte-t-il de ces dispositions ? Que la femme séparée a la libre administration de sa fortune, et comme conséquence la capacité de contracter pour cause d'administration des obligations exécutoires sur

les établissements publics) ne peuvent être restituées contre le défaut de transcription quand même les maris, (les tuteurs ou administrateurs) seraient insolvables. Cette décision qui est consacrée par des textes formels au sujet de la transcription des donations et des substitutions (art. 942 et 1070 c. civil), doit être étendue au défaut de transcription de tout autre acte. Le défaut de transcription est absolu et le législateur ne pouvait admettre d'exception en faveur des incapables sans porter une grave atteinte à son système : mais la transcription étant une mesure conservatoire la femme mariée peut la faire opérer, même sans aucune autorisation de son mari. C'est ainsi qu'elle peut encore elle-même faire inscrire son hypothèque légale.

tous ses biens. meubles et immeubles; que l'aliénation directe et immédiate du mobilier par vente ou
autrement rentre aussi dans son pouvoir de libre
administration. La seconde partie de l'art. 1449 n'est,
en quelque sorte, que le corollaire de la première;
elle n'autorise dès lors l'aliénation du mobilier que
comme une suite, un moyen d'administration et seulement aussi pour cause d'administration. Ainsi d'ailleurs le décide la doctrine appuyée sur une jurisprudence considérable.

Cependant un jugement récent du tribunal de la
Seine (9 juillet 1872 : D. P. 72, 3, 96) paraissant
s'écarter de l'opinion reçue jusqu'à ce jour ne craint
pas d'admettre que le droit que l'art. 1449 reconnaît à la femme séparée de biens de disposer de
son mobilier et de l'aliéner, sans une autorisation
du mari ou de justice, s'applique non pas seulement
aux meubles meublants et aux capitaux de peu d'importance, mais aussi à toute valeur comprise dans
sa fortune mobilière, notamment à des titres de
rente sur l'État; et ce jugement ajoute qu'il n'appartient pas au juge de *restreindre l'exercice* de ce
droit dans *les limites des actes d'administration.*

Pour rester dans la vérité des faits, tenons pour
certain que les dispositions de l'art. 1449 n'ont pas
une étendue illimitée : cependant si la doctrine et
la jurisprudence ont essayé, dans le but assurément
de servir l'intérêt bien entendu de la femme, à raison de la transformation des fortunes dont l'importance mobilière s'est accrue dens les plus larges pro-

portions depuis la promulgation du Code civil,
d'amoindrir le droit que lui confère l'article 1449,
il est remarquable que, dans la plupart des espèces,
il s'agissait d'obligations dont les effets étaient d'engager l'avenir en permettant aux créanciers de poursuivre l'exécution de leurs titres non-seulement sur
le mobilier présent mais aussi sur celui que la femme
ne possédait pas encore. Evidemment, c'est en pré-
vision du préjudice auquel la femme pourrait s'exposer par un usage abusif de la faculté concédée par
l'art. 1449 que la jurisprudence a notamment décidé
que cette faculté doit être restreinte dans les limites
du droit d'administration. Mais nous ne sommes pas
moins touché de la valeur des motifs exposés dans le
jugement précité (1).

(1) ..... Attendu que, pour dénier à la femme séparée de
biens le droit d'aliéner son mobilier à sa volonté, on a voulu
restreindre l'aliénation à des meubles meublants par exemple,
on à des capitaux peu considérables, en considérant cette aliénation comme rentrant dans les actes d'une simple administration, mais que cette distinction arbitraire, et dont on ne pourrait déterminer les limites variables suivant la fortune de la
femme, est repoussée par le texte précis, et non sujet dès lors
à interprétation, de l'art. 1449..., que la distinction, quant au
droit d'aliéner, entre le mobilier et les immeubles, est formellement écrite dans le texte, et que si la femme séparée de biens
est obligée de recourir à l'autorisation de son mari ou de justice pour l'aliénation de son avoir immobilier, elle peut disposer,
à son gré, de la portion de la fortune qui a, de par la loi, le
caractère mobilier ; attendu que si, eu égard à la consistance
et à la composition actuelle de la fortune de la femme, des in-
convénients s'attachent à cette liberté qui lui est accordée dans
la disposition de son mobilier, c'est au législateur moderne à y
pourvoir: etc... par ces motifs etc...

12

La femme, dans l'hypothèse de la séparation de biens, peut-elle, jusqu'à concurrence de son mobilier, *s'obliger* valablement par des conventions *étrangères* à l'administration de ses biens, par exemple, en acceptant un mandat, un dépôt? La négative nous paraît évidente. Ici le principe général de l'art. 217 reçoit son application : la femme, même non commune ou séparée de biens, ne peut *donner, aliéner, hypothéquer, acquérir* à titre gratuit ou onéreux; or, *donner* c'est s'obliger à titre gratuit, acquérir c'est s'obliger à titre onéreux. D'ailleurs les articles 221, 222, 224 exigent que la femme soit autorisée pour *contracter*, c'est-à-dire pour *s'obliger*. Objectera-t-on les termes de l'art. 1449 § 2 ? en laissant à la femme la faculté d'aliéner son mobilier, par là ce texte, ne lui donne-t-il pas le droit de s'obliger personnellement pour toute cause sur ce mobilier même ? loin de là ! autre chose est aliéner directement, se dépouiller actuellement, autre chose s'obliger, aliéner indirectement; la capacité d'aliéner n'emporte pas celle de s'obliger.

La femme, même séparée, ne peut donc pas souscrire des obligations étrangères à l'administration de sa fortune. (Paris, 6 nov. 1866. D. P. 66, 5, 55.)

L'ancien droit confirme cette opinion que nous avons déduite des textes mêmes. Lebrun nous enseigne que, sous l'empire de la coutume de Paris, « la femme séparée de biens ne pouvait s'obliger que pour somme modique, jamais pour de ces grosses sommes qui comportent l'aliénation des immeubles. » (L. 1. Ch. 1. n° 17).

Aussi la femme est-elle incapeble, sous tous les régimes, d'aliéner ses immeubles, d'emprunter, de consentir un bail de longue durée, de contracter aucune obligation de faire, car toute obligation de faire se résoud en dommages-intérêts ; á cause de ce motif elle ne peut, indépendamment du devoir qu'elle a de consulter son mari, prendre, par exemple, un engagement dramatique, ni se livrer à une profession quelconque sans l'autorisation maritale. Elle ne peut accepter un mandat ou un dépôt, en tant qu'il en résulterait contre elle quelque obligatiou (1029) ; ainsi, en ce qui touche l'acceptation par une femme, d'une exécution testamentaïre, il n'y a pas de dérogation à signaler au système général de l'incapacité. Mais toutes les fois que la femme ne s'oblige pas personnellement elle peut accepter une procuration *ad negotia sed non ad lites* (1) (1990) ; le mandant, pour le compte duquel elle agit, se trouve seul obligé.

« Les femmes mariées et les mineurs émancipés pourront être mandataires, disait Berlier, dans l'exposé des motifs du code civil, à la séance du 12 ventôse an XII. Cette aptitude, qui n'est pas de droit nouveau, trouve sa cause dans la faveur due à tous les développements d'une juste confiance. Celui qui remet ses intérêts à une personne de cette qualité a jugé sa capacité suffisante, et la loi peut adhérer à ce jugement, pourvu

---

(1) La jurisprudence a reconnu ce mandat tacite du mari à la femme : Pau, 19 juil. 1825 ; pourvoi rejeté le 14 fév. 1826. J. P. 75, p. 222.

que les intérêts de la femme mariée et du mineur mandataires, n'en reçoivent aucune atteinte, et que leur
condition n'en soit pas changée; car le mandant ne saurait avoir contre eux les mêmes actions que contre les
personnes qui jouissent de tous leurs droits. Avec de
telles précautions, la faculté dont il s'agit a semblé
exempte de tout inconvénient, même en n'astreignant
point la femme mariée à se munir de l'autorisation de
son mari; car ici la question n'est pas de savoir si le
mari pourra s'opposer à ce que sa femme reçoive ou
exécute le mandat (il a incontestablement ce droit),
mais si, à défaut d'une autorisation préalable et
expresse, le mandat et ses effets seront nuls à l'égard
des tiers et du mandant lui-même. »

L'art. 1190 s'explique d'abord en ce sens que la
capacité du mandataire n'est pas requise pour la validité et l'efficacité d'un mandat : il suit de là que le
mandataire n'est qu'un simple organe. Cela est si vrai
que le mandataire oblige le mandant directement avec
les tiers et ceux-ci avec les mandants, sans s'obliger
lui-même par l'opération qu'il contracte. Dès lors, que
le mandataire soit incapable ou non, on voit, qu'en
principe essentiel, cela n'a pas d'importance. On ne
peut donc pas dire que cet article 1990 proclame la
capacité de la femme. Toutefois notre assertion n'est
pas absolue : le mandataire a des obligations à sa
charge. Mais, quant à ce, laissons parler le tribun
Tarrible (Fenet, tome 14, p. 595 et 596) : « Si le commettant a fixé son choix sur une femme mariée ou
sur tout autre personne qui n'avait pas la libre faculté

de s'engager il n'aura de reproche à faire qu'à sa propre imprudence : mais les obligations qui sont à la charge du mandataire demeureront soumises à la nullité ou à la restitution inséparable des engagements contractés par les personnes de cette classe. »

La seule action permise contre la femme sera celle *de in rem verso* fondée sur la règle que nul ne peut s'enrichir aux dépens d'autrui.

Par application de ces principes, la femme, toujours considérée dans ses fonctions de ménagère, comme mandataire autorisée de son mari l'oblige, sans s'obliger elle-même, par les engagements qu'elle contracte dans l'intérêt et pour les besoins communs; (Valette sur Proudhon, 1. p. 463. — Demante, 1. p. 423). Paris, 1er juin 1824 : J. P. 70, 63. — Rouen, 18 nov. 1825 : J. P. 75, 269. — Cassat., 28 novemb. 1830) car, dans chacun des régimes matrimoniaux, c'est au mari de pourvoir en sa qualité de chef de famille aux dépenses de la maison, de régler et de supporter les frais généraux d'entretien. La femme engage donc le mari et la communauté, lorsqu'elle achète, sans autorisation expresse, les provisions, les vêtements, les médicaments de la famille, les ustensiles et meubles nécessaires au ménage. Un mandat tacite résulte alors de la nature même des choses; le mari ne peut pas se livrer aux détails de ces soins domestiques. D'un autre côté, il serait absurde d'exiger que la femme se munît pour la moindre emplette d'une procuration écrite.

L'étendue de ce mandat qu'a la femme de faire, pour le compte de son mari, les diverses dépenses qui rentrent dans l'administration du ménage est une pure question de fait laissée à la plus large appréciation des tribunaux ; ainsi, lorsque les achats sont excessifs relativement à la situation sociale et pécuniaire des époux le mari serait fondé à faire réduire les réclamations des marchands et ouvriers (Aubry et Rau, v. § 509, p. 341 ; Riom, 21 nov. 1846, Sir. 47, 2, 243) ; il peut même demander la nullité de l'acquisition faite par sa femme non expressément autorisée et exiger le remboursement du prix payé, moyennant la restitution des objets. (sic : arrêt Cour d'Alger 19 mars 1874, D. P. 75, 2, 59).

Cette théorie nous la trouvons parfaitement en lumière dans un jugement du tribunal de la Seine, rendu le 11 septembre 1868. Une dame Legrand, se disant femme d'un contre-maître se présentait à Paris, dans les magasins du sieur Pebeyre et y achetait une chaîne de gilet en or, du prix de 170 fr. elle payait 20 fr. comptant et elle demandait que sept petits billets fussent préparés pour le surplus du prix ; elle les rapporterait, disait-elle, signés par son mari. Mme Legrand remit, en effet, les billets signés : « Legrand, rne Grand St-Michel, 3. » Les deux premiers billets avaient été déjà payés par elle lorsque, eu présentant le troisième, le commis de la maison Pebeyre se trouva en face du mari. Surpris, M. Legrand interroge ; explications faites, il se refuse de payer et se dit prêt à restituer la chaîne, alléguant qu'il n'avait point autorisé sa femme à contracter cet engagement. Devant le juge de paix ses conclusions furent admises et le marché déclaré nul. Le tribunal, au contraire, infirmant cette décision condamna avec raison

les époux Legrand à payer conjointement et solidairement à Pebeyre la somme à lui dûe, grossie des frais et des
intérêts. Comment, en effet, la prétention du mari aurait-elle pu prévaloir ? Il avait accepté la chaîne de montre, s'en était servi ; il ne pouvait critiquer cette acquisition soit comme ayant entraîné une dépense excessive,
soit, dans tous les cas, comme n'ayant pas été tacite-
ment autorisée et sanctionnée par lui.

L'arrêt de la cour d'Alger du 19 mars 1874 reconnaît aussi que le mandat tacite en vertu duquel la femme
oblige son mari peut s'étendre jusqu'à l'acquisition du
trousseau d'une fille qui va se marier, mais à·la condition que les dépenses n'aient rien d'excessif.

Ainsi, non-seulement la femme engage le mari et la
communauté lorsque, sans autorisation expresse, elle
contracte des obligations pour les besoins du ménage,
mais encore il en est de même quand elle fait, dans une
juste mesure, certains achats soit au profit de son mari
seul, soit dans l'intérêt de ses enfants, soit pour elle
personnellement ; car le mari est obligé de fournir à sa
femme tout ce qui lui est nécessaire pour l'entretien de
son existence, art. 214.

Mais cette présomption de mandat ou d'autorisation
si puissante qu'elle soit, fléchit lorsque les dépenses
sont frauduleuses ou excessives. Si le mari ne veut point
s'exposer à payer les dettes follement contractées par sa
femme, il fera bien, au préalable, d'annoncer aux tiers,
par la voie de la presse, qu'il n'autorise que les achats au
comptant. Cet avertissement collectif pourrait cependant n'être pas suffisant, car on comprend que des pu-

blications, même insérées dans un journal, ne sont pas
exclusives de la bonne foi des tiers qui, les ignorant,
auraient vendu à crédit. Aussi le mari agira-t-il pru-
demment en adressant directement et individuellement
aux fournisseurs la défense de faire crédit à sa femme.
Rod. et Pont, II, 796; Demol., IV, 170). Toutefois la
nullité résultant du défaut d'autorisation entraîne pour le
mari ou pour la femme l'obligation de payer le prix des
fournitures jusqu'à concurrence du profit qui en a été
retiré par l'un ou par l'autre ; et, en ce cas, la femme,
si elle est condamnée à payer aux fournisseurs le prix
de ses emplettes jusqu'à concurrence du profit qu'elle
en a retiré n'a pas de recours contre son mari après, par
exemple, un jugement de séparation de biens postérieur
à l'achat des fournitures. (Req. 30 nov., 1868, D. P. 69,
1, 132).

Il résulte de ce qui précède que la règle de l'autorisation maritale est indépendante des obligations
dont la validité n'est pas subordonnée à la capacité
personnelle de l'obligé. La femme est, en effet, valablement engagée lorsqu'elle se trouve sous le coup
d'une obligation que lui impose la loi (tel est le cas
de l'obligation de gérer une tutelle) ou d'un engagement qui prend sa source soit dans un délit, soit dans
un quasi-délit, soit dans le fait d'un tiers (1).

(1) Cadrès, dans son *traité des enfants naturels* (p. 31, n°
33 dit qu'une femme mariée, quoique non autorisée de son
mari, peut reconnaître un enfant naturel ; il donne ce motif
que la mère répare une faute en même temps qu'elle obéit à
une obligation naturelle. (Douai, 23 janv. 1819. — Zachariæ
t 4, p. 40. — Loiseau : enf. nat. p. 413, 415, 487 et suiv.,. —

Ce principe nous donne un moyen de solution sur la double question suivante :

La femme qui, sans autorisation de son mari, s'est immiscée dans les affaires d'autrui ou a reçu le paiement de l'indû, est-elle tenue des obligations résultant des quasi-contrats de gestion d'affaires ou de réception du paiement de l'indû? Non : car, c'est se demander simplement si la femme, dans la première hypothèse, se soumet notamment à l'obligation de continuer la gestion entreprise et se charge de la responsabilité de sa faute. Or le fait d'entreprendre la gestion des affaires d'autrui est aussi volontaire que le fait de former un contrat. Pourtant, afin de ne pas rendre victime de la faute commise par la femme se mêlant, sans autorisation, de la gestion des affaires d'autrui, le *dominus rei* qui. à la différence de celui qui contracte, n'est nullement responsable de cette faute, le juge fera bien de mesurer avec modération la responsabilité encourue par la femme.

Mais, au contraire, la femme dont les affaires ont été utilement gérées par un tiers est-elle, indépendamment de l'autorisation maritale, soumise aux obligations résultant du quasi-contrat de gestion d'affaires? Oui ; elle est non-seulement engagée jusqu'à concurrence du profit qu'elle a retiré de la gestion, ce qui est tout juste, mais encore restent à sa charge les cas fortuits qui viendraient, depuis le moment où l'action de gestion d'affaires est intentée, diminuer

Malleville sur l'art. 337. — Delvincourt t. 1 p. 244. — Touillier t. 2. n° 961. — Duranton t. 3. p. 257).

l'utilité que cette gestion avait eue, dès le principe.
Et en effet, comment la femme ne serait-elle pas obligée? En quoi le fait d'un tiers qui lui a été profi-
table troublerait-il la paix du ménage, nécessiterait-il
l'intervention maritale pour produire ses résultats?

Enfin, il est évident que la femme s'oblige par ses
délits et ses quasi-délits; la source de cette obligation
dérive en quelque sorte de la loi; chacun est responsable du dommage qu'il cause par sa faute à autrui (1382).

§ 2. DE L'INCAPACITÉ D'ACQUÉRIR. — Les mêmes dis-
tinctions s'imposent : d'une part, les acquisitions résultant pour la femme de la volonté de la loi, des délits ou
des quasi-délits commis envers elle ; ici nulle incapacité
d'acquérir. D'autre part, les acquisitions résultant
des contrats, quasi-contrats, et actes de dernière volonté; ici, au contraire, incapacité absolue. Et cette
incapacité, plus étendue que celle d'aliéner, défend
à la femme d'acquérir par succession.

« Les femmes mariées ne peuvent pas valablement
accepter une succession sans l'autorisation de leur mari
ou de justice. 776, § 1. Pourquoi? parce que accepter
c'est quelquefois périlleux. Si l'acceptation est pure
et simple, on s'expose à payer les dettes *ultra vires*,
si elle est bénéficiaire, à les payer *intra vires*; dans
tous les cas, on s'expose au rapport, à l'obligation de
faire délivrance et à des embarras souvent imprévus.

Toute acquisition, soit à titre onéreux, par vente
ou échange, soit à titre gratuit, par donation, legs ou
succession est défendue à la femme. Tel est le principe.

Ce principe, l'art. 1449 ne vient-il pas le contredire? la femme séparée de biens peut, en effet, aliéner ses meubles ; elle a le droit d'employer ses capitaux, ses économies, de les placer, par conséquent d'acheter. Or, l'article 217 lui défend expressément d'acquérir ! comment concilier l'antinomie de ces dispositions ? la conciliation résulte de la nature même de l'aliénation ; et nous avons vu que l'aliénation de ses meubles est permise à la femme, toutes les fois que cette aliénation constitue un acte d'administration.

De cette règle découlent les solutions suivantes : La femme achète-t-elle au comptant pour placer des capitaux, elle le peut sans autorisation (1449) ; achète-t-elle à crédit, sans avoir de capitaux disponibles, s'oblige-t-elle enfin? l'art. 217 reprend son empire, (sic Demol).

SECTION III. — *De l'incapacité de la femme en matière jndiciaire.*

Un procès est toujours périlleux ; la personne qui le soutient s'expose, par sa téméraire opiniâtreté, à subir un échec désastreux, à payer des dommages-intérêts et des frais souvent exorbitants. Et quelle cause de trouble dans le ménage, quelle source d'amères récriminations que les suites fâcheuses d'une contestation mal fondée ! la loi veut donc que la femme soit autorisée pour courir les chances d'un procès.

« La femme ne peut ester en jugement sans l'autorisation de son mari, quand même elle serait marchande publique ou séparée de biens. » L'article 215 a une portée générale : il déclare que la nécessité de l'autorisation est indépendante du régime matrimonial; cela n'était pas inutile à dire, car l'ancien droit reconnaissait à la femme séparée de biens la faculté d'ester en justice, sans autorisation, lorsqu'il s'agissait d'affaires concernant l'administration de ses biens (Pothier, n° 61). En ce qui touche la femme judiciairement séparée, la rigueur de notre loi ne se justifie guère si l'on songe qu'entre époux judiciairement séparés, règne une telle mésintelligence que la femme sera toujours obligée d'intenter contre son mari, à l'effet de se faire autoriser, une procédure longue et ennuyeuse (861, 862, C. pr.).

Le code a également repoussé le système de certaines coutumes qui reconnaissaient à la femme marchande publique la capacité de soutenir en justice les procès relatifs à son négoce. (Pothier, n° 62). Aujourd'hui l'autorisation pour ester en justice est requise même au cas où il s'agit d'une femme autorisée à faire le commerce et d'un litige dont l'objet se rattache à ce commerce. La femme marchande publique, a-t-elle besoin, pour compromettre, de l'autorisation maritale? On pourrait de prime abord, en considérant le compromis relatif au commerce de la femme comme une obligation ordinaire, conclure que la femme marchande peut compromettre sans autorisation spéciale de son mari; mais il est aisé de voir que compromettre c'est constituer un arbitrage, agir, demander; or, plaider devant des arbitres, leur soumettre sa cause et les pièces du procès, n'est-ce pas en quelque sorte ester en justice, puisque la sentence arbitrale doit avoir l'effet d'un jugement ?

Et, pour plaider, la femme a besoin de cette autorisation, quand même l'objet du procès toucherait à ses intérêts les plus intimes : s'il s'agissait, par exemple, d'une recherche de maternité, quelle que soit aussi la branche du droit à laquelle se rattache la contestation soulevée, ou alors même qu'elle plaiderait contre son mari (Lyon, 4 avr. 1867; Dev. 67, 2, 290). Toutefois, quand elle veut introduire une demande en séparation de corps ou de biens, elle peut, sans aucune autorisation, présenter la requête qui doit précéder sa demande; quant à la demande, elle la forme avec la seule autorisation du président du tribunal (865, 875, 876, pr.).

La règle d'après laquelle la femme ne peut ester en jugement sans être autorisée de son mari ou de justice, est applicable devant toute juridiction (Demol. IV. 128. 150. — Aubry et Rau, t. V. § 472), en matière civile et à tous les degrés d'instance (1) que la femme

---

(1) Par conséquent pour comparaître devant un jury, en matière d'expropriation pour cause d'utilité publique. L'expropriation prononcée contre une femme mariée ne peut être valablement poursuivie que contre cette femme *assistée* de son mari. Donc est nulle l'expropriation d'un immeuble de la femme, prononcée à la suite d'une citation de la femme seule devant le jury, et d'une instruction orale dans laquelle le mari a seul figuré et obtenu personnellement une indemnité. — Civ. C. 2 avr. 1873, D. P. 73, 5, 252.

Pour figurer dans une procédure d'ordre judiciaire, la femme, même séparée de biens, doit être autorisée de son mari ou de justice : Aix, 28 janv. 1871. D. P. 72, 2, 31, — mais les déchéances,

défende à une action dirigée contre elle ou qu'elle l'intente elle-même.

Sous ce dernier rapport cependant, l'article 216 mentionne une exception à la règle générale de l'art. 215.

L'autorisation d'ester en justice n'est pas requise lorsque la femme est défenderesse en matière criminelle ou de police. Quel est le motif de cette exception ? en matière civile le mari et la justice peuvent, suivant les cas, refuser justement et utilement à la femme l'autorisation quelle sollicite comme défenderesse ; car le refus de l'autorisation aura pour but d'éviter les lenteurs et les frais d'une instance contradictoire, en aboutissant à une condamnation par défaut. Il n'en est pas de même lorsque la femme est défenderesse en matière criminelle ou de police ; dans cette hypothèse, elle a toujours intérêt à se défendre, ne fût-ce que pour échapper aux rigueurs de la peine encourue. D'après M. Demante, la loi ne doit pas admettre d'intermédiaire entre la société et l'accusé. J'ajoute que la femme étant responsable de ses délits est par cela même dispensée de l'autorisation pour comparaître, à raison de ses obligations, devant la justice.

Mais la femme non autorisée peut-elle répondre à

en matière d'ordre, ne courent pas contre une femme mariée tant qu'elle n'a pas été autorisée par son mari ou par la justice Vº le mot Ordre. D. *Table.*

Cependant la Cour de Cassation a admis que la femme autorisée par son mari à plaider en 1ʳᵉ instance n'a pas besoin d'une seconde autorisation, lorsqu'elle a gagné son procès, pour défendre à l'appel interjeté par la partie adverse (*Gaz. des Trib.* 5-6 mai 1873.)

l'action civile intentée contre elle concurremment avec l'action publique, devant la juridiction criminelle ? Oui, et cela pour deux raisons : c'est qu'en déclarant la femme capable de se défendre quant au fait principal la loi l'habilite ainsi à repousser les conséquences de ce fait. De plus, l'art. 359 (Ins.-cr.) permet à la partie lésée de former spontanément sa demande dans le cours du débat, jusqu'au jugement ; comment pourrait-elle exercer ce droit s'il lui fallait, au préalable, assigner le mari en validité de la demande formée contre la femme ?

Il en est autrement quand l'action civile est portée contre la femme devant un tribunal civil.

Mais lorsque la femme est directement assignée devant un tribunal de justice répressive, en paiemeut de dommages-intérêts, sans être poursuivie par le ministère public, a-t-elle besoin d'autorisation ? — On dit pour la négative : l'action civile aboutira évidemment à la coustatation du délit ; le ministère public, qui est présent à l'audience, peut immédiatement conclure à l'application de la peine. Or, du moment que la femme est exposée à subir une peine, elle n'a pas besoin d'autorisation pour se défendre (1). On répond avec plus de raison du côté de l'affirmative : oui, l'action civile peut donner.lieu à une action publique, mais cela d'une manière tout-à-fait indirecte ; qu'est-ce qui empêche donc la partie lésée d'assigner

(1) Valet. *exp. som.* p. 123 — : Demolombe IV. 143. — Mourlon I. p. 397. —

aux fins d'autorisation le mari aussi. bien que la femme ? C'est à une action purement civile que celle-ci est appelée à répondre ; et l'intérêt que peut avoir le mari d'étouffer, en prenant des arrangements avec la prétendue victime de l'infraction de sa femme, un procès scandaleux, ne justifie-t-il pas assez la nécessité de l'autorisation ? (1)

(1) Aubry et Rau. t, V. p. 141. — Laurent. art. 216. —

CHAPITRE III

De l'autorisation donnée à la femme pour la relever de son incapacité.

SECTION I. — *De l'autorisation maritale et judiciaire.*

De la soumission que l'épouse doit au mari et de la protection que le mari doit à sa femme naît pour celle-ci la défense de procéder, en général, sans autorisation aux différents actes de la vie civile. Sanctionner le devoir d'obéissance imposé à la femme, garantir son patrimoine en tant qu'il est destiné à subvenir aux besoins aux besoins de la famille, tel est le double but de l'autorisation maritale. L'autorisation c'est donc l'approbation donnée par le mari aux affaires que la femme ne peut traiter à elle seule à raison de l'incapacité qui la frappe.

§ 1. — Il n'est pas nécessaire que l'autorisation soit expresse, écrite ou verbale ; elle peut n'être que tacite et l'on ne comprendrait pas que, tout en admettant d'un autre côté l'autorisation tacite, le législateur eût voulu rejeter l'autorisation expresse qui n'aurait pas été donnée par écrit. La loi n'a voulu qu'une chose : rendre en tous cas, inadmissible la preuve testimoniale destinée à établir l'existence d'une autorisation verbale. L'autorisation verbale est donc valable, mais elle ne peut être prouvée que par l'aveu des parties ou par la délation

13

de serment. (Aubry et Rau, v. p. 150; Demol. IV, n° 192).

L'autorisation tacite résulte du concours du mari dans l'acte passé par la femme, quel que soit l'intérêt respectif des époux, soit de tout fait de nature à démontrer d'une manière non équivoque la participation du mari à cet acte. Ainsi l'époux qui tire une lettre de change sur sa femme l'autorise, par cela même à l'accepter. Il en est de même dans le cas où le mari accepte une traite tirée sur lui par son épouse ; l'autorisation résultant de l'acceptation est en quelque sorte le complément et la confirmation de l'obligation (1) ; mais si la femme cautionne l'obligation de son mari, au bas d'un billet souscrit par celui-ci, la coexistence de ces deux signatures ne prouvant aucunement que le mari ait connu par conséquent approuvé l'engagement de sa femme n'impliquera point autorisation ; il faudrait tout au moins, dans l'acte, une mention déclarant que l'apposition par la femme de sa signature a eu lieu en présence du mari lors de la rédaction du billet (Sic. Trib. de la Seine 22 juin, 1869, D. P. 69, 3, 67).

L'autorisation n'est efficace que tout autant qu'elle est spéciale, c'est-à-dire qu'elle se réfère à tel ou tel acte individuellement déterminé. Elle ne serait en effet qu'une vaine formule si le mari, avant de la donner, n'était pas à même d'apprécier l'étendue et la portée de l'acte qu'il va autoriser (Metz, 31 janvier 1850, Sir. 52. 2, 399.

---

(1) Demante t. 1, n° 300 ; Marcadé, art. 225; Dijon, 12 août 1818 ; Contrà M. Demolombe t. IV. n° 211 ; Cassation, 26 juin 1839.

Caen, 27 janv. 1851 ; Sir. 51, 2, 428 : contrà, Paris, 12 déc. 1829 ; Sir. 30, 2, 322). « Toute autorisation générale, même stipulée par contrat de mariage n'est valable que quant à l'administration des biens de la femme (art. 223) » Cette autorisation générale peut être donnée par le contrat de mariage ; elle se confond alors avec la séparation de biens. En ce cas, la femme pleinement capable de faire tous les actes d'administration que nécessite la gestion de son patrimoine, le mari, par rapport à ces actes, n'a aucune espèce d'autorisation à lui donner ; que si, au contraire, les conventions matrimoniales confèrent au mari le droit d'administrer seul les biens de sa femme, il ne peut point, en ce cas, l'habiliter à exercer un droit qu'elle n'a pas. Il peut, sans doute, lui déléguer le droit dont il est investi lui-même, mais alors fait-il autre chose que de conférer un véritable mandat? et quand la femme agit en vertu d'un mandat émané de son mari, c'est ce dernier qu'elle oblige sans s'obliger elle-même (1998). A quelle hypothèse se réfère donc l'art. 223? il a simplement pour objet de proscrire, même dans le cas où la femme est valablement investie de l'administration de ses biens, toute convention matrimoniale par laquelle le mari, renonçant à sa puissance, donnerait à sa femme l'autorisation générale de passer des actes qu'elle n'aurait pas la faculté de faire en vertu de son droit d'administration (Civ. Cass. 24 fév. 1841. Sir. 41, 1, 315).

A quel moment l'autorisation maritale peut-elle être donnée? 1° avant l'affaire que la femme se propose de conclure, 2° au moment même où l'affaire se conclut.

art. 217. — Peut-elle être donnée après que l'affaire est traitée? d'excellents esprits et avec eux la jurisprudence de la cour de cassation estiment que la nullité résultant du défaut d'autorisation n'est pas susceptible de se couvrir par la confirmation postérieurement émanée du mari. On prétend que celui-ci ne peut enlever à sa femme le bénéfice de l'action en nullité que lui ouvre la loi, car nul ne doit être, malgré soi, dépouillé de son droit. (Valette sur Proud. I. p. 463); tel n'est pas notre avis. Si la femme, en effet, est admise à faire valoir la nullité de l'acte qu'elle a passé, ce n'est pas tant en vertu d'un droit à elle particulier qu'à raison d'un droit que lui donne sa participation aux intérêts collectifs de la famille; et qui est chargé de veiller sur ces intérêts, si ce n'est le mari? le mari, seul, est maître de son autorisation et juge du moment où il doit la donner. Pourquoi donc, en l'absence de toute prohibition formelle, ne pourrait-il pas couvrir par sa confirmation une nullité qui n'est fondée que sur le défaut de son propre consentement? Proudhon I. p. 466 et 467. — Marcadé sur l'art. 225 n° 1. — Demante I. 300. — Aubry et Rau t. V. § 472, p. 165.)

§ 2. — En thèse générale, l'autorisation doit émaner du mari; mais, il se peut que, sans raison légitime, par caprice ou mauvaise volonté, celui-ci refuse à sa femme l'autorisation dont elle a besoin pour ester en justice ou passer un acte qu'elle a intérêt de faire. Il se peut aussi qu'il se trouve dans l'impossibilité physique ou légale de la donner, par exemple, en cas d'absence, d'interdiction de minorité ou de condamnation à une peine afflictive ou infamante. L'autorisation de justice vient alors suppléer celle du mari.

Pour obtenir de la justice l'autorisation que son époux lui refuse injustement, la femme doit se pourvoir devant le tribunal du domicile conjugal dans les formes indiquées au code de procédure civile, art. 861, 862: le mari entendu ou faute par lui de se présenter, le tribunal, sur les conclusions du ministère public, accorde ou refuse l'autorisation demandée. Mais, en matière judiciaire c'est à celui qui assigne la femme qu'incombe l'obligation de la faire autoriser, art. 218, c. et 862 pr.

La femme demanderesse à laquelle son mari refuse l'autorisation de plaider doit pour l'obtenir s'adresser aux tribunaux civils, alors même que sa demande en justice serait de la compétence des tribunaux de commerce car l'autorisation n'a rien en elle même de commercial. Mais si la femme est défenderesse, les tribunaux de commerce peuvent incidemment lui accorder l'autorisation qui lui est refusée « attendu, porte un arrêt de la C. de cassat. du 17 août 1813, que l'art. 118 c. civil donne au juge le droit d'accorder l'autorisation et que le juge dont cet article parle est évidemment le juge saisi de la contestation. »

Mais le juge de paix a-t-il le droit d'autoriser la femme ? M. Amilhau, rapporteur de la loi du 25 mai 1838 a dit très-nettement : « dans le cours des actions intentées en justice, des femmes, des mineurs ne peuvent procéder sans une autorisation dévolue, en ce moment, aux tribunaux civils. Doit-on changer cette

règle qui tient à des principes d'ordre public et déférer
au juge de paix le pouvoir d'autoriser ? nous ne l'avons
pas pensé. Si les époux vivent en bonne intelligence,
l'autorisation est de droit, mais lorsque les époux
sont divisés, le refus du mari est souvent le précur-
seur de débats domestiques et de séparations légales.
Ce n'est plus le même intérêt du litige qui est en
question, c'est l'harmonie des familles, la conservation de la fortune et des mineurs et dès lors le débat
est trop grand pour cette juridiction. »

Toutefois, la question est controversée; nous pen-
cherions pour le pouvoir du juge de paix d'autoriser.
En effet, le plus souvent, dans la pratique, les contestations dirigées par ou contre des femmes sont
assez mesquines. C'est d'une robe, d'un chapeau,
mal réussis par la couturière ou la modiste qu'il s'agit,
ou bien leur prix est en litige, ou encore il est question de règlements à faire avec une servante, ou d'une
réclamation d'un petit fournisseur, etc. Comment le
juge de paix, à défaut du mari qui refuserait, ne
pourrait-il pas autoriser celle-ci ? Dans le cas où l'é-
pouse est défenderesse, nous n'y voyons aucune difficulté; au contraire, peut-être éprouverions-nous un
doute, mais seulement passager, pour le cas où la
femme est défenderesse. Bien entendu pour obtenir
l'autorisation, il faudrait préalablement assigner le
mari et ne procéder que sur son refus ou sa non-com-
parution.

Si le mari est absent, interdit, mineur, ou condamné à une peine afflictive et infamante, on n'a pas

à lui faire sommation d'autoriser. La femme présentera simplement une requête accompagnée de l'acte ou du jugement constatant l'absence, l'interdiction ou la condamnation. Le président en ordonne la communication au ministère public et sur le rapport d'un juge à ce commis, le tribunal statue (art. 221, 222, civil. 864 pr.)

Reprenons chacun de ces cas où, par exception à la règle générale, la femme est relevée de son incapacité par l'autorisation de justice.

Et d'abord, suivant la doctrine de Pothier, on assimile au cas d'absence présumée ou déclarée celui où le mari est simplement éloigné de son domicile au moment où, d'une manière urgente, la femme aurait besoin d'être autorisée.

Il y a aussi lieu d'assimiler au mari interdit : 1° le mari placé dans une maison d'aliénés, sauf que, dans ce cas, la présomption d'incapacité n'est pas absolue comme dans le cas d'interdiction (art. 30, loi 30 juin 1838, et 502, civ.); 2° le mari pourvu d'un conseil judiciaire lorsqu'il s'agit des actes qu'il ne peut lui-même faire, sans l'assistance de son conseil. Ici se présente une fort curieuse hypothèse. Supposons la femme tutrice de son mari : elle agit alors, comme tutrice, relativement aux biens personnels de son époux et à ceux de la communauté ; comme pupille par rapport à ses propres biens. Dans le premier cas, elle peut exercer des droits qui ne lui appartiennent pas dans le second. Ainsi, à l'égard des biens communs, elle est capable d'intenter seule les actions mobilières elle en est incapable vis-à-vis des siens propres!

Lorsque le mari est mineur, on admet qu'émancipé par le mariage, il a le droit d'autoriser sa femme pour tous les actes qu'il peut faire lui-même sans l'assistance de son curateur, art. 224. En fait, son autorisation ne pourra guère porter que sur l'exercice des actions mobilières, car la femme, incapable sous tous les régimes d'ester en justice, ne peut intenter une action ni y défendre. Quant aux actes d'administration, inutile de s'en préoccuper. De deux choses l'une : si la femme s'est réservé, par contrat de mariage, le droit d'administrer ses biens, elle n'a pas d'autorisation à demander pour cela. Si ce droit est resté au mari, celui-ci n'a aucune autorisation à donner puisque sa femme n'a aucun droit de ce genre à exercer.

Renversons les hypothèses. La femme est-elle mineure, son mari, s'il est majeur, lui sert alors de curateur. Pour tous les actes d'administration, il l'autorise et l'assiste, art. 482 ; en dehors de ces actes, la femme a de plus besoin, suivant les cas, de l'autorisation du conseil de famille suivie de l'homologation du tribunal, art. 483. Si le mari refuse l'autorisation ou ne peut la donner, le tribunal devra nommer à la femme pour chaque acte un curateur *ad hoc*, art. 228; l'état d'une femme en puissance de mari ne comporte pas en effet l'établissement d'une tutelle permanente et générale. — Vis-à-vis de la femme interdite la question de l'autorisation ne se soulève pas, car la femme a pour tuteur son mari, art. 506 et c'est le mari qui exerce ses droits, ou bien son tuteur est un étranger : l'autorisation lui devient alors inutile. On pourrait se demander au sujet de l'art. 221 si la peine principale ou accessoire de la dégradation civique fait perdre au mari son droit d'autorisation ? nous ne le pensons pas.

Cette déchéance n'est pas, en effet, comprise parmi celles qu'énumère l'art. 34 c. p.; de plus, l'art. 221, en déclarant que lorsque le mari est frappé d'une condamnation emportant peine afflictive ou infamante, la femme sera autorisée par la justice pendant la durée de la peine n'indique-t-il pas suffisamment qu'il entend parler d'une incapacité temporaire ? Or, en principe, la dégradation civique dure à perpétuité.

Tel est l'ensemble des cas où l'autorisation de justice peut suppléer celle du mari. Il en est ainsi encore, quand la femme intente une demande en séparation de corps ou en séparation de biens (art. 875, 865, pr.).

Enfin, en dehors de l'incapacité de la femme mariée, il y a, dans le régime dotal, un cas où l'autorisation du mari ne peut être suppléée par celle de justice, tout au moins lorsque le mari est en état de consentir, c'est quand la femme veut aliéner ses immeubles dotaux pour l'établissement des enfants communs (1555).

Dans une dernière hypothèse, l'autorisation du mari ne peut être suppléée par celle de justice lorsque la femme sous un autre régime que celui de la séparation de biens (1029) veut accepter l'exécution testamentaire, c'est-à-dire le mandat consistant à veiller sur l'exécution du testament.

Il y a cependant lieu de se demander moins à raison de la nature même des actes dont nous allons parler que des intérêts en jeu et des parties en cause, d'abord, si l'autorisation de justice doit remplacer celle du mari lorsque la femme s'oblige envers un tiers au profit de ce dernier, lorsqu'enfin elle contracte avec son mari lui-même.

En passant avec des tiers des actes à la conclusion desquels le mari est personnellement intéressé la femme court en effet les mêmes dangers que si elle contractait avec ce dernier. La protéger, sauvegarder son indépendance, mettre à l'abri de toute surprise la faiblesse de son sexe, mais si telle avait été l'unique préoccupation de la loi, c'est bien ici qu'elle aurait dû se manifester. Il n'en est rien pourtant; car on admet que le mari, quoique personnellement intéressé dans l'obligation de la femme, n'est pas déchu, pour ce motif, du droit de l'autoriser. On fonde cette décision sur le silence des textes : d'un autre côté, les articles 1419 et 1431 permettent à la femme de s'obliger comme caution de son époux et l'art. 1427 n'exige l'autorisation judiciaire qu'à défaut de celle du mari.

Quant à la question de savoir si le mari est capable d'autoriser la femme qui contracte avec lui-même, elle en suppose une autre résolue : les contrats entre époux sont-ils permis? Les coutumes il est vrai, les défendaient; mais les auteurs n'étaient point d'accord à ce sujet. Si Dumoulin écrivait : » *nullum contractum etiam reciprocum facere possunt; nisi ex necessitate* ». Lebrun enseignait : « *que rien n'empêche qu'un mari et une femme séparés contractent l'un avec l'autre, pourvu qu'ils ne se donnent ni directement, ni indirectement* (1). » Il ne fallait pas que les époux déguisassent des donations sous la forme de contrats à titre onéreux. Les protéger, contre la violence ou la séduction les uns des autres, c'est aussi la pensée de notre législation ; « entre les personnes intimement unies, a dit Portalis, il serait presque toujours à craindre que la vente ne masquât une donation. » Mais, ce qui est vrai de la vente l'est aussi des autres contrats et cependant, malgré cette appréhension, l'art. 1123 qui permet à toute personne de contracter si elle n'en est déclarée incapable par la loi, ne mentionne pas les époux comme frappés de cette incapacité. Le code se borne à prohiber les contrats qu'il juge dangereux et alors il a le soin de s'en expliquer (art. 1594, 1595, 1446, 1595.). (2)

Il est certain, cela dit, qu'alors même que la femme contracterait avec son mari, celui-ci est suffisamment

(1) Dumoulin, art. 256 n° 5. Com. de Paris ; Lebrun : de la communauté t. ii. ch. i. sect. iii, n° 36.

(2) Notre code n'a pas reproduit assurément les sévérités excessives du droit coutumier en ce qui concerne les donations entre époux; mais il ne voit pas avec grande faveur ce genre de libéralité. Aussi a-t-il multiplié les précautions pour les renfermer dans de sages limites : il a voulu prévenir les entraînements irréfléchis tout en faisant la part du dévouement et de l'affection. Voilà pourquoi l'art. 1096 permet aux époux de revenir sur les avantages arrachés à leur faiblesse. L'art. 1595 les empêche d'éluder, au moyen d'une vente, la règle salutaire de la révocabilité des donations. Enfin, l'art. 1099 frappe d'une nullité absolue, toutes les libéralités qui se cacheraient sous l'apparence trompeuse d'un contrat à titre onéreux.

capable de l'autoriser. Dira-t-on que les articles 1558
et 2144 exigent l'intervention de la justice précisément
dans les cas où l'intérêt personnel du mari est contraire
à celui de la femme et qu'il doit donc en être ainsi, par
analogie, de toutes les espèces de ce genre? on cite
mal à propos ces textes. L'article 1558 se réfère simplement à un cas d'aliénation d'immeuble dotal, et l'article 2144 nous fournit un argument *a contrario* contre
nos adversaires. A notre avis, l'autorisation maritale
c'est la règle, l'autorisation de justice, l'exception ; les
exceptions s'interprètent strictivement ; d'un autre
côté, le concours du mari dans l'acte, équivaut à
une autorisation expresse, art. 217. Quand donc la
femme contracte avec son époux, celui-ci concourt dans
l'acte, et l'autorise par conséquent.

SECTION II. — *Effets de l'autorisation ; conséquences
du défaut d'autorisation.*

§ 1. — L'autorisation qu'elle émane du mari ou de
la justice a pour effet de relever la femme de son incapacité. Généralement, elle n'est pas opposable au mari
en ce quelle pourrait avoir de contraire à ses intérêts : *qui auctor est non se obligat.* Cependant, sous
le régime de la communauté le mari est personnellement tenu par le fait de l'autorisation qu'il a donnée
des obligations que la femme a valablement contractées, art. 220. 1409 n° 2 et 1419. Il en est encore ainsi
lorsque le régime sous lequel il est marié lui attribue
la jouissance des biens dont la femme conserve la

propriété, art. 1530, 1540; s'il autorise la vente d'un de ces immeubles, il sera bien obligé de se dépouiller de la jouissance qu'il avait sur le bien aliéné, à moins qu'il n'ait fait la réserve expresse de ses droits. (Art. 1555. Proudhon *de l'usuf.* IV. 1779, 1780.)

L'autorisation de justice, au contraire, rend la femme capable de s'obliger elle-même et sa fortune, mais n'a point d'effet par rapport au mari (1426. voy. toutefois 1427.)

§ 2. — Dans notre ancien droit, l'acte émané d'une femme non autorisée était radicalement nul : on le considérait comme non existant. Aujourd'hui, le défaut d'autorisation n'engendre qu'une nullité relative : l'acte est simplement annulable.

Qui peut invoquer cette nullité? la femme, le mari, et leurs héritiers, art. 225. La femme, parce quelle n'a pas été protégée... tant pis pour les tiers qui ont traité avec elle de bonne foi. Cependant si, avec l'intention d'abuser de leur confiance, la femme avait eu recours à des manœuvres frauduleuses pour faire croire à sa capacité, son dol élèverait contre elle une fin de non-recevoir. (Paris, 6 novembre 1866. Sir. 67, 2, 294.)

Le mari dont l'autorité a été méconnue peut aussi se prévaloir de la nullité de l'acte conclu par sa femme, sans autorisation, mais l'exercice de son droit est limité à la durée même du mariage. Dans quel but, après sa dissolution invoquerait-il en effet cette nullité ; sa puissance n'existe plus et les actes que sa femme a faits sans autorisation ne lui sont pas opposables.

Quant aux héritiers du mari, ils ont également l'action en nullité, s'ils peuvent justifier de quelque intérêt à l'exercer, mais cet intérêt n'existe jamais. Pour les héritiers de la femme au contraire, c'est une action utile pécuniaire qu'ils trouvent dans la succession de leur auteur; à ce titre ils ont le droit de la faire valoir.

La nullité résultant du défaut d'autorisation peut-elle être demandée par les créanciers de la femme? oui et cela par la raison que tous les biens d'un débiteur forment le gage de ses créanciers. Sans doute, la femme, obéissant aux ordres de la conscience, peut être disposée à renoncer à l'action en nullité, à exécuter loyalement ses obligations, mais qu'importe! c'est au nom d'un intérêt pécuniaire que ses créanciers s'emparant de son droit, l'exercent à sa place (art. 1166).

Ainsi les actes faits par la femme non autorisée sont nuls. Mais leur nullité n'a lieu que dans l'intérêt de la femme ou de ses représentants ; elle ne peut donc jamais être opposée par les personnes capables de s'engager qui ont contracté avec la femme non autorisée (art. 225. 1125). Il y a plus : lorsque les femmes mariées sont admises, en cette qualité, à se faire restituer contre leurs engagements, on ne geut exiger d'elles, à moins qu'il ne soit établi que ce qui a été payé a tourné à leur profit, le remboursement des sommes qu'elles ont reçu durant le mariage.

Aussi reconnaît-on généralement aux tiers qui ont contracté avec une femme non autorisée le droit de refuser l'exécution du contrat jusqu'à ce que la preuve de l'autorisation soit faite.

La prescription de dix ans couvre la nullité des actes extrajudiciaires faits par la femme non autorisée; elle ne commence à courir même contre le mari qu'à partir de la dissolution du mariage (art. 1304, 2° Aubry et Rau v. § 472, p. 168). S'il s'agit d'actes judiciaires, on ne peut les attaquer après l'expiration des délais dans lesquels doivent s'exercer les voies de recours contre les jugements, en général. Civ. cass. 7 oct. 1812. Sir, 15, 1, 82).

SECTION III. — *De la femme marchande publique.*

Sous quelque régime qu'elle soit mariée, la femme est incapable de faire le commerce pour son propre compte, (art. 5, § 2, C. com.) car les actes de commerce constituent des actes d'aliénation, et non pas seulement d'administration. Aussi pour être marchande publique, est-elle obligée d'avoir le consentement de son mari : mais, une fois ce consentement obtenu, elle peut, dans l'intérêt de son commerce, aliéner, (1) acquérir, s'obliger, hypothéquer ses immeubles sans qu'il soit besoin d'une autorisation spécialement renouvelée pour chacun de ces actes, art. 7, C. com. (2).

La femme n'est point marchande publique si elle

(1) Quant aux biens stipulés dotaux, elle ne peut les aliéner, que dans les cas déterminés et avec les formes réglées par les art. 1554 et suiv. du code. civ.

(2) C'est sous le nom du mari que doit être inscrite la patente à laquelle une femme mariée est imposable, alors même qu'il s'agit d'une industrie personnelle à celle-ci (D. P. 69, 5, 265).

ne fait que détailler les marchandises appartenant à son mari ; elle n'est réputée telle que si elle fait un commerce séparé (art. 5, com), c'est là une question de fait abandonné à l'appréciation des tribunaux (Cass. 5 mai 1857. Dev. 59, 1, 490). La femme peut encore être marchande publique sans faire un commerce déterminé; il suffit qu'elle se livre á des opérations de différents genres, mais ayant un caractère commercial. (Cass. 27 avril 1841. Dev. 41, 1, 585).

On voit que l'autorisation dont il s'agit revêt un caractère tout particulier ; tandis qu'en matière ordinaire l'autorisation est nécessaire à la femme pour la validité de chacun de ses actes juridiques, l'autorisation de faire le commerce constitue un consentement anticipé et général donné par le mari pour tous les actes commerciaux que peut faire sa femme. Dans cette dérogation au principe de la spécialité de l'autorisation nous trouvons un moyen de solution sur la question suivante.

Si le mari refusait de consentir à ce que sa femme fît le commerce celle-ci pourrait-elle y être autorisée par la justice ? Non, car l'autorisation de faire le commerce comprenant des actes que la femme ne peut faire sans l'assistance de son mari est, de sa nature, générale et indéfinie. Or les art. 218 et 219 du code civil ne permettent aux tribunaux d'autoriser la femme que lorsqu'il s'agit de lui donner une autorisation spéciale et déterminée.

Et cela se comprend ! faire le commerce, c'est se livrer à une suite d'opérations dont il est difficile de prévoir toutes les conséquences. Qui mieux que le mari peut être juge de l'opportunité de l'autorisation que réclame sa femme? mais, le tribunal pourrait, dans un cas donné, autoriser la femme, sur le refus du mari, à faire un acte isolé de commerce (1). Cependant, quand le mari est absent, mineur ou interdit, incapable, par conséquent, de donner à sa femme une autorisation quelconque, la justice, croyons-nous, pourrait autoriser la femme majeure à faire le commerce. Tel n'est pas, il est vrai, l'avis de MM. Bravard et Nouguier. Ces auteurs vont plus loin; ils prétendent que la femme ne peut demander à la justice l'autorisation qu'il est impossible au mari de lui donner. Condamner la femme à subir des pertes irréparables au cas, par exemple, où, par suite d'une succession, elle aurait un commerce à gérer, lui refuser d'utiliser son aptitude et son industrie alors que par son travail, elle peut devenir le soutien de sa famille,

---

MM. Cubain n° 591. — Pardessus : *Droit comm.*, n° 63.— Molinier : *Droit comm.*, t. i p. 143.

Le tribunal de la Seine a aussi décidé, le 8 oct. 1868 que « le tribunal n'a pas les éléments suffisants pour apprécier la capacité et la prudence de la femme séparée qui demande l'autorisation de faire le commerce. En cas de mauvaise spéculation, la femme pourrait compromettre dans une faillite l'honorabilité et le crédit du mari et des enfants. Le législateur n'ayant pas dans l'art. 4 du code de comm., rappelé les dispositions des art. 248 et 219 du code civil, n'a pas entendu donner aux tribunaux le pouvoir d'apprécier les motifs du refus du mari d'autoriser sa femme. » — Contrà : Paris 24 oct. 1844. (Dev. 44, 2, 580).

Ajoutons que le tribunal dé Lyon (16 janv. et 13 mars 1869) a déclaré que le mari seul pouvait autoriser sa femme à faire le commerce, même après une séparation de biens judiciaire. Cette solution nous paraît rigoureuse.

tel est le résultat d'un pareil système; il suffit, pour le rejeter, d'indiquer ce qu'il a d'exagéré. (MM. Bravard, p. 18. Noug. t. I. p. 262). — Si l'on admet avec nous que le juge, au cas où le mari est mineur, absent ou interdit, peut autoriser la femme à faire le commerce, il est évident que celle-ci, une fois autorisée, n'engagera ni les biens du mari, ni ceux de la communauté.

Lorsque la femme est mineure, tandis que le mari est majeur, il s'élève une difficulté sur le point de savoir si, pour habiliter la femme à faire le commerce, la seule autorisation du mari suffit ou il s'il faut de plus le consentement des parents qui, suivant l'art. 2, com. est nécessaire à tout mineur qui veut être commerçant. Il s'agit, en d'autres termes, de savoir si l'autorité du mari absorbe celle de la famille, et si la fille mineure, dès qu'elle est mariée, dégage ses parents de toute responsabilité vis-à-vis d'elle. C'est dans les principes généraux du droit que nous devons chercher la raison de décider. Le mariage émancipe la femme, il est vrai, mais il ne fait que l'émanciper. Le mari devenant pour elle un véritable curateur, elle peut faire avec l'autorisation de ce dernier tous les actes qui n'excèdent point les pouvoirs d'un administrateur. (1) « La femme mineure reste en effet sous l'autorité de

(1) « A l'égard des actes que les mineurs ne peuvent faire valablement, même avec un curateur, dit Pothier, un mari, quoique majeur, ne peut les rendre valables en autorisant sa femme mineure pour les faire. Par exemple, l'aliénation volontaire que la femme mineure aurait faite de quelqu'un de ses immeubles, ne laisserait pas que d'être nulle quoiqu'elle eut été autorisée par son mari majeur. » (De la puiss. marit. n° 32.)

ses parents pour tous les actes que le mineur ne peut faire sans une autorisation du conseil de famille. Or comme l'autorisation de faire le commerce comprend celle de se livrer à des actes d'aliénation, il s'en suit que la femme mineure a besoin d'être autorisée par ses parents pour faire le commerce ; seulement cette autorisation lui sera donnée dans la forme spéciale déterminée par l'art. 2 (C. com.).

Le mari, devenu majeur, a le droit de révoquer l'autorisation qu'il n'avait pu donner lui-même, mais cette révocation ne délie pas la femme des engagements pris par elle au cours de ses affaires et ne l'empêche pas davantage de mener à terme les opérations commencées.

On s'est demandé, à propos de l'étendue de l'autorisation, si la femme peut s'associer pour faire le commerce. La doctrine et la jurisprudence paraissent lui dénier ce droit parce que « étendre les effets de l'autorisation de faire le commerce jusqu'à la faculté pour la femme de contracter une société en nom collectif avec des tiers, ce serait conférer à des tiers le pouvoir d'obliger la femme et fournir à celle-ci le moyen de paralyser, pendant toute la durée de la société, l'exercice du droit réservé au mari de retirer en tout temps l'autorisation accordée. » (1) Telle n'est pas notre opinion. Il est bien certain que par l'usage qu'elle fait de l'autorisation, la femme ne

(1) V. M. Delangle t. i, n° 56. Pardessus n° 66. — Demol. IV. n° 297 ; — Paris 9 mars 1857 : S. 2, 501. — Cass. 9 nov. 1859 : D. P. 60, 1, 66.

peut point paralyser le droit qu'a le mari de la lui
retirer ; mais, il ne résulte pas de là que la femme
ne puisse pas s'associer avec un tiers. On peut dire
seulement que la société formée par une femme autorisée à faire le commerce est subordonnée à la condition résolutoire du retrait de l'autorisation. Comment les tiers pourraient-ils se plaindre de la révocation qui mettrait fin à la société formée avec eux
par la femme puisqu'ils savaient que l'autorisation
de faire le commerce et par conséquent de s'associer
pour faire ce commerce n'était pas irrévocable ? D'après
M. Delangle, l'autorisation est un mandat, et à ce
titre, c'est pour faire un commerce déterminé et pour
le faire seule que la femme reçoit la capacité qui lui
manque ; elle ne peut pas aller au delà. Admettons
que l'autorisation de faire le commerce soit en quelque
sorte un mandat : c'est, du moins, un mandat général
dans sa spécialité. Tant que la femme se renferme dans
le commerce qu'elle est autorisée à faire, elle n'excède
pas les bornes de sa capacité. Or, fait-elle autre chose
que ce commerce quand, au lieu de le faire seule,
elle s'associe avec un tiers pour étendre avec ses
moyens d'action les bénéfices de son industrie ? Autoriser la femme à faire le commerce n'est-ce pas
d'ailleurs la supposer capable de s'associer avec un
tiers dans l'intérêt même de son négoce ?

Au contraire, la femme ne peut, à notre avis, contracter de société civile ou commerciale avec son
mari. Nous savons, en effet, que si les époux ont la
faculté de faire, en se mariant, toutes les conventions

qu'ils jugent à propos pourvu qu'elles ne soient pas contraires aux lois et aux bonnes mœurs, il est aussi de principe que ces conventions ne peuvent recevoir aucun changement après le mariage. Les époux ne sauraient donc contracter entre eux aucune société civile ou commerciale puisque cette société aurait nécessairement pour effet de modifier leurs conventions matrimoniales. Toute société suppose d'ailleurs, pour chacun des associés, le droit d'aliéner l'un au profit de l'autre les biens mis en commun; or, entre époux le contrat de vente est interdit. Une société universelle ou particulière serait, en outre, de nature à porter atteinte au principe de l'irrévocabilité des donations en donnant aux conjoints un facile moyen de se faire, sous la forme de gains sociaux, des avantages irrévocables (1).

Avant l'abolition de la contrainte par corps, la femme était contraignable pour l'exécution de ses obligations commerciales ; aujourd'hui elle n'engage que ses biens personnels ; s'obligeant elle-même elle oblige aussi son mari, s'il y a communauté entre eux (art. 551 c. com.) ; car la femme réputée capable de contracter est, par cela seul, autorisée à engager toute sa

---

(1) La société entre époux judiciairement séparés de biens doit être aussi déclarée nulle, comme ayant pour effet de rétablir, sous une forme déguisée, et en dehors des prescriptions de la loi, la communauté préexistante. (Paris 24 mars 1870. D. P. 72, 2, 43). Une telle société doit surtout être annulée lorsqu'il résulte de l'ensemble des faits qu'elle a été formée en fraude des droits des créanciers du mari et pour soustraire à leur action l'actif que celui-ci pourrait créer par son travail.

fortune, y compris sa part indivise de communauté. Or, cette part n'existe pas à l'état distinct, individuel ; il a donc fallu pour donner aux créanciers le moyen de la saisir, leur permettre de poursuivre toute la communauté, c'est-à-dire le mari qui la représente. Les principes de la séparation de biens font que, sous ce régime, le mari ne saurait être responsable des obligations de sa femme ; le patrimoine de celle-ci est seul tenu des dettes qu'elle a contractées ; mais, si les époux ont choisi le régime dotal, la femme dont les biens sont inaliénables ne peut être poursuivie que sur l'excédant des revenus dotaux, sur ses paraphernaux, ou sur ses marchaudises qui, destinées à être vendues, sont toujours aliénables. Au contraire, quant elle est mariée sous le régime de la communauté, elle engage pour répondre du paiement de ses obligations non-seulement ses biens personnels et ceux de la communauté, mais encore les biens propres du mari (art. 1479). La jurisprudence tient même pour non avenue la clause au moyen de laquelle, dans l'acte d'autorisation, le mari se décharge des risques et périls encourus par sa femme. Les tiers ne pourraient être privés de leur action contre le mari que tout autant qu'ils y auraient formellement renoncé (Paris 19 juin 1869, D. 69, 2, 247). Cependant, quand le mari paie avec ses bien propres, comme il paie non pas en sa qualité de représentant de la communauté, mais plutôt à titre de caution solidaire de sa femme, celle-ci lui doit une indemnité ; mais elle ne lui doit pas de récompense lorsque c'est avec les deniers du capital commun qu'il acquitte les dettes par elle contractées, car la communauté qui profite des bénéfices doit supporter aussi toutes les conséquences des engagements commerciaux de la femme. Celle-ci, d'ailleurs, ne rend son mari responsable de ses obligations que si elle est marchande publique; toutefois, la femme qui participe activement à l'exploitation du fonds de commerce de son mari, qui signe habituellement et notoirement pour lui des billets, reçus ou autres titres, doit être considérée comme investie d'un mandat tacite obligeant le mari, dans une certaine mesure, au paiement des billets qu'elle a écrits et signés du nom de celui-ci. (Paris 4 juin 1869, D. P. 70, 2, 62, Civ. R. 28 août 1872, D. P. 72, 1, 1. 596).

CHAPITRE IV

De la responsabilité du mari et de la femme.

——————

Si au point de vue et à cause de ses origines, l'autorité maritale emprunte quelques-uns de ses caractères à
la puissance paternelle, il faut pourtant observer que,
dans le mariage, le pouvoir de l'époux est établi plutôt
pour régler les rapports d'homme à femme que pour
régir la situation des conjoints aux regards des tiers.
La femme, si elle n'eût point contracté mariage,
aurait été responsable elle-même de ses actions : il
n'est point possible que, par l'effet de l'union qui
s'est consommée, cette responsabilité se soit déplacée
et transportée en la personne du mari. Celui-ci a voulu
prendre une compagne, chargée de veiller à son inté-
rieur, et il n'a pas pu entrer dans l'esprit de l'association qu'il serait obligé de la surveiller comme une
véritable mineure, et tenu à la responsabilité, par
analogie de l'article 1384 du code civil.

A la vérité, souvent le mariage se lie à une époque
où la jeune fille est encore sous la dépendance de son
père chargé de la responsabilité de ses actes, d'après
la loi. On peut dire qu'il ne faut pas que la société
perde ses garanties contre les faits ou actes d'une femme encore mineure et qu'au père doit succéder le mari,
comme responsable. Mais ce serait ainsi méconnaître le

caractère de l'émancipation, surtout morale, dérivant du mariage; il y a là une influence de nature à mûrir l'esprit, à développer les facultés de la femme, et c'est pour cela, sans doute, que le législateur est resté muet et n'a point parlé du mari dans l'art. 1384 du code civil. Bien mieux, l'art. 1424, et en cela il confirme notre théorie, déclare que les amendes encourues par la femme ne peuvent se poursuivre que sur la nue-propriété de ses propres, non sur les biens de la communauté. Il en est de même pour les dommages-intérêts résultant de ses délits et quasi-délits, Cpr art. 1426 1427 (1). Le principe est que le mari ayant la jouissance de la communauté dans laquelle tombent les revenus des biens propres de la femme, celle-ci ne puisse les diminuer par ses actes.

Toutefois, il ne faut pas aller trop loin. La présomption de l'art. 1384 n'existe pas contre le mari (V. Larombière t. 5. p. 743) mais il peut commander à la femme. Il est donc en faute, quand, pouvant le faire, il n'a pas empêché le dommage qu'elle a causé; la partie lésée pourra engager sa responsabilité en prouvant qu'il a pu empêcher le dommage. Mais il faudra démontrer, selon nous, la *possibilité actuelle* qu'aurait eu le mari d'empêcher, de prévenir l'exécution de l'acte. A défaut de cette preuve, il doit être relaxé de toute demande ; nous avons établi que le mari ne

(1) V° Merlin, *Rep.* autor. marit. sect. 7, § 18, p. 599, col. 1re édit. de 1829. — Rodière et Pont, contrat de mariage t. 1. n° 507.

devait pas exercer sur sa femme la surveillance que l'on doit exercer sur un enfant (1).

MM. Duranton (t. 13, n° 720) et Merlin (*Questions*, v. Mari, § 2) se prononcent pour l'absence de responsabilité de la part du mari et ne paraissent mettre à leur doctrine aucune restriction. A l'inverse, Delvincourt (t. 3, n° 454) professe que le mari est responsable dans tous les cas.

Mais si le code civil n'a rien disposé à cet égard, tout en excluant implicitement la responsabilité du mari, il est des lois spéciales qui imposent formellement à ce dernier la responsabilité civile des faits de la femme, quand il s'agit : 1° de délits ruraux, (art. 7 de la loi du 28 sept. ; 6 oct. 1791, tit. 2) ; 2° de délits forestiers, art. 206; 3° de délits de pêche, (art. 74 de la loi sur la pêche fluviale du 15 av. 1829 ;) mais, au sujet de ces deux derniers délits, le mari pourra s'exonérer en prouvant qu'il n'a pas pu empêcher le fait délictueux.

En dehors de ces textes de lois précis, il y a d'autres cas où la responsabilité du mari trouve sa place; ainsi, quand la femme agit comme préposée du mari, ce dernier, en qualité de commettant, peut être tenu. Cela se présentera au cas de commerce ou d'industrie quand la femme aide et supplée son époux.

---

(1) Cpr Pothier (*obligat.* n° 454; puiss. marit. n° 52. — V. Cass. 14 nov. 1840: D. P. 41, 1, 148. — Cass. 4 mai 1845. Roland de Villargues : *répert. de notariat* V° *responsabilité* n°ˢ 8, 9 et 10. — Chauveau et Faustin Hélie : *Théorie du code pénal,* t. 2. p. 296. Touillier, t. ɪɪ n° 279.

Ainsi, les femmes des débitants de boissons soumis
à l'exercice sont aux yeux de la loi les agents du
mari et si, en son absence, elles refusent aux em-
ployés l'entrée des caves et magasins, c'est une con-
travention dont le mari supportera toutes les conséquences (Cass. 15 janv. 1820. Sir. 20, 1, 188).
Lorsque des époux exercent en commun le commerce
de marchands de vins, nous dit un arrêt de la cour
de cassation, rendu le 5 juin 1880, ils sont réputés de
droit ne former civilement qu'une seule et même
personne quant aux contraventions aux lois sur les
contributions indirectes. Si donc un procès-verbal
dressé contre la femme trouvée seule par les agents
a été signifié au mari seul, les deux époux sont néanmoins responsables des pénalités édictées par la loi,
soit qu'on les considère comme coauteurs, soit qu'on
envisage la femme seule comme auteur, mais le mari
comme civilement responsable de sa femme.

D'un autre côté, la communauté pourra se trouver
tenue de la dette de la femme sans que le mari soit
civilement responsable, c'est lorsqu'elle aura profité
des suites du délit de la femme, par exemple lorsque
celle-ci a volé du bois à dans un chantier, pour servir
au chauffage (1).

Que faut-il décider des dépens et dommages-intérêts auxquels a été condamnée la femme plaidant
avec l'autorisation de son mari, mais sans que ce dernier ait pris fait et cause pour elle? En matière civile,

(1) Denisart : v. Délit; § 7. — Pothier : *communauté* n° 256.

si les époux sont en communauté, l'art. 1419, n'est applicable qu'autant que l'action pourrait amener un profit pour la communauté. Il ne doit pas être invoqué s'il était évident que l'opération ne pouvait profiter à la femme (1). Sous les autres régimes, le mari ne peut pas être tenu, par cela seul qu'il a donné l'autorisation. Les tiers n'ont rien à voir à l'autorisation qui n'est qu'un effet de la puissance maritale. Dès lors le mari ne peut être condamné que si la cause de la femme est en même temps la sienne.

En matière criminelle, correctionnelle et de police, il faut, si la femme est poursuivante, appliquer les mêmes règles que ci-dessus, sauf que pour l'action en réparation relative à des biens dotaux la femme, ne devant être regardée que comme mandataire du mari (Arg. art. 1549), celui-ci sera tenu comme usufruitier.

Cependant il est une classe d'actions qui, bien qu'elles intéressent la femme et lui soient propres, sont toujours considérées comme intéressant directement le mari. Ce sont celles dont use la femme qui poursuit la réparation d'un délit commis contre sa personne ou sa réputation. Dans ce cas, nous allons le voir, le mari pourrait agir lui-même ; dès lors, s'il a donné son autorisation, il est responsable des frais et dépens. Mais dans le cas où la femme est poursuivie, l'art. 216 disant que l'autorisation du mari ne lui est pas nécessaire, nous mettons ce dernier à l'abri de toute responsabilité.

_____

(1) Valette sur Proudhon : *Etat des Pers...* t. ɪ ch. 22 § 5. — Duranton 4ᵉ édit. t. 14 nᵒˢ 248 225 et suiv. — Demol. t. 4 nᵒ 310.

La femme peut aussi, à son tour, souffrir indirectement des faits de son époux. Cela résulte de l'art. 1424
du code civil qui s'étend aux amendes encourues pour
délit et contraventions, et aux indemnités, frais et dépens qui en sont les accessoires. Or, il peut arriver que
le mari soit insolvable ; dès lors son action en récompense est inutile. On a discuté la question de savoir
si le recours pour récompense existait au profit de la
femme pour les réparations civiles ; nous admettons
l'affirmartive (1). Disons, en terminant, que le mari
peut toujours intenter une action à raison de l'offense
faite à la personne de sa femme, car elle lui est évidemment faite à cause des liens qui les unissent ; il
éprouve toujours un préjudice par suite des faits qui
en causent à sa femme.

Mais celle-ci ne peut agir à raison de l'injure que
reçoit son mari (2). M. Sourdat (3) l'explique très-
bien ainsi « elle n'est point chargée de protéger son
mari ; et s'il est vrai que l'injure faite à ce dernier
rejaillisse jusqu'à un certain point sur elle-même, ce
n'est pas elle que la loi charge de poursuivre la réparation de cette double offense. Elle ne pourrait agir
sans l'autorisation de son mari : il est plus naturel
que celui-ci agisse personnellement. » Mais la femme
a une action, en cas d'offense dirigée contre la mémoire
de son époux défunt.

---

(1) Colmar 29 déc. 1849 ; S. 52, 2, 193. — Duranton t. 14, n°
298. — Contrà Douai 30 janv. 1840. D. P. 40, 2, 193. — Touillier
t. 12 n° 224. — Troplong n° 918. — Zachariæ t. 3, p. 441.

(2) Instit. liv. 4 tit. 4 §, 2. — Denizart V° injure n° 21.

(3) Traité de la responsabilité tit. n° 38.

CONCLUSION

« L'humanité doit rechercher
« non ce qui est antique, mais
« ce qui est bon. »

Áristote : *De la Politique :*
liv. ii. ch. v.

Après avoir exposé la condition de la femme dans
les temps anciens et modernes, étudié dans ses origines et à travers les siècles, les causes et les effets
de son incapacité, notre tâche est achevée.

Chez tous les peuples à l'état primitif, le terme de
femme est synonime d'esclave. C'est de la force brutale d'abord, puis du dogme de l'infériorité morale de
la femme inspiré par toutes les religions antiques,
puisé dans la Bible même que dérive la puissance
maritale.

Selon nos traditions religieuses, l'hermaphrodisme
et l'émanation sont la loi de la création. Cette théorie
qui a certainement exercé une influence décisive sur
la condition de la femme par rapport à l'homme n'a
besoin ni de commentaires ni de justification pour
les interprètes de l'Ecriture-Sainte. Ils n'hésitent pas
à faire remonter l'institution du mariage et du régime
nuptial au jour de la formation de l'homme et de la
femme, dans une seule et même personne, bientôt
séparée en deux êtres de sexe différent ne cessant

point de faire entre eux une seule chair. C'est de par cette loi de la création que l'homme et la femme cèdent à l'entraînement qui les pousse l'un vers l'autre ; mais ils conservent entre eux leur état primitif de relation, car la femme émane de l'homme. Aussi fût-elle soumise à l'homme qui dût la dominer. (Genèse : ch. 3. V. 16.) Il y a plus ; c'est à Ève que l'on attribue l'introduction du péché et de la mort dans le monde, c'est à la femme que l'homme doit tous ses malheurs.

Sous l'influence de ces idées illusoires, des Pères de l'Eglise (1) se sont déchaînés en invectives, en injures grossières contre les femmes qu'ils ont qualifiées d'*amorce du diable*, de *porte de l'enfer*, de *flèche du démon...* De ces opinions, il est résulté, pour ces docteurs, la nécessité de la réprobation, de la subalternisation, de la compression de tous les instincts naturels de la femme, car *c'est pour réparer sa faute qu'il en a coûté la vie au fils de Dieu.*

Si l'on rapproche ces amères critiques des actes d'indulgence, de bonté, de miséricorde de Jésus vis-à-vis des femmes, et des femmes pécheresses, on est étonné de la contradiction qui se produit entre le maître et les fondateurs de la doctrine. Jésus ne semblait-il pas ignorer qu'il allait être crucifié à cause de la désobéissance de la femme ?

Tous ces dénis de justice, ces abus de la force physique et intellectuelle sont passés dans nos lois, à la

(1) Tertullien : Traité de l'ornement des femmes.

faveur de l'égoïsme de l'homme ou de l'intérêt politique des sociétés. Au XVIᵉ siècle, d'Argentré s'écrie, en parlant de la femme : « Il y a dans cet animal des mouvements effrenés, une colère aveugle, une impétuosité qui bouillonne, une grande pauvreté de bon sens, une extrême faiblesse de jugement, un orgueil indomptable (coutume de Bretagne : *des mariages,* art. 410). Contre ces ineptes critiques le bon sens public se révolte aujourd'hui ; mais cela ne suffit pas.

Tant que les législateurs n'auront pas compris le rôle que la femme, délivrée de l'injuste oppression de l'homme, est appelée à jouer dans la famille et dans la société, tant qu'ils n'auront pas compris la nécessité de développer chez la femme comme chez l'homme, tous les aspects de sa nature pour les faire concourir à l'ensemble harmonieux du mouvement social, le monde vivra dans le désordre.

Cependant, de la comparaison du présent au passé nous avons retiré cet enseignement qu'à mesure que la civilisation marche, la femme fait un pas dans la voie de son émancipation.

Mais, à peine nos lois ont-elles proclamé cette règle qui renverse à jamais la théorie de l'infériorité féminime : « Tout individu des deux sexes qui atteint l'âge de 21 ans est déclaré majeur, » que le législateur, oubliant cette parole émancipatrice prononcée pour les jeunes filles, l'annule pour les épouses. Contredire ainsi sa propre affirmation, est-ce logique, est-ce juste ? Comment ! Voilà une femme que la loi marie sous le régime de la communauté ; son époux est-il absent, elle

ne peut pas vendre son propre bien, même pour l'établissement de ses enfants, sans l'autorisation de justice.
Y a-t-il un bail à faire ? Elle n'a pas le droit de signer !
Et quand la femme séparée de corps ou judiciairement
séparée de biens a besoin d'aliéner ses immeubles, quel
supplice pour elle d'avoir à obtenir la permission de
son mari ! Ce n'est pas tout encore. Qu'une dette de
reconnaissance l'oblige envers un bienfaiteur, un vieillard, une amie, que cette femme veuille obéir à un
devoir ou satisfaire un sentiment de charité, il lui faut,
pour disposer, par donation entre-vifs, de la plus légère
partie de ses biens l'autorisation maritale. Lui défendre
de donner, c'est une tyrannie ; mais, lui défendre de
recevoir n'est-ce pas une injure?

Aucune entrave n'arrête, au contraire, le mari ; celui-ci est-il joueur, débauché, prodigue, il vend, donne,
gaspille à son aise, et malgré la vigilance de la loi, sa
première victime est naturellement sa femme.

A tant de maux, à tant d'excès, opposera-t-on pour
excuse une règle d'ordre, le besoin d'un chef ? Mais alors
que l'on garantisse aux femmes des maris impeccables !

M. Gide, il est vrai, propose à notre législateur d'introduire, à titre d'innovation, ces trois règles, dans
notre code : 1° le mari peut donner à la femme une autorisation générale ; 2° la femme dont le mari est absent ou incapable est affranchie de toute autorisation ;
3° le mari a seul le droit de faire annuler les actes faits
par la femme, sans autorisation.

M. Legouvé demande pour l'épouse : 1° une majorité ; 2° le droit d'administration pour ses affaires per-

sonnelles ; 3° un contrôle exercé par le tribunal domestique ; 4° l'élévation du type du mariage ; 5° l'institution temporaire du divorce. — A quoi tendent ces réformes, continue M. Legouvé ? à diminuer les droits du mari ? non, à créer ceux de la femme. A destituer le mariage de la force gouvernementale ? non, à solidifier ce gouvernement par la justice. A détruire le principe de l'unité ? non, à l'enrichir par le développement des deux termes qui la composent.

Quant à nous, c'est la capacité entière et complète de la femme que nous réclamons en matière civile.

La Révolution a décrété l'égalité civile des deux sexes, pourquoi ? parce qu'elle reconnaissait et sanctionnait l'égalité morale de l'homme et de la femme, parce qu'elle proclamait l'existence du droit. Et qu'est-ce que le droit, si ce n'est la liberté que nous avons tous d'affirmer notre personnalité. Aucune puissance ne peut empêcher la créature humaine de développer son être intellectuel et moral ; cette créature a donc le droit de faire son devoir, de travailler, de penser, d'agir.

Au nom de ces principes absolus, c'est l'émancipation civile de la femme qui fait l'objet de notre idéal.

Les réformes proposées par M. Gide ou M. Legouvé, nous les adopterions, mais à titre seulement de mesures transitoires, leur insuffisance nous paraissant démontrée. A nos yeux, en effet, l'égalité dans le droit est inséparable du perfectionnement social.

C'est par le travail que la femme préparera l'avènement de son émancipation ; l'oisiveté la livre au vice et

à l'ignorance, et le vice et l'ignorance font les esclaves.
Aussi trouvons-nous admirable cette belle devise des
sociétés démocratiques : Travail et Liberté! Parmi les
réformes que réalisent nos législateurs, la plus pré-
cieuse de toutes est donc celle qui nous donnera sans
distinction de sexe, l'instruction laïque et obligatoire,
l'éducation vraiment patriotique. Fournir à la femme le
droit et le moyen de penser, le pouvoir de travailler
et de suffire à ses besoins, n'est-ce pas déraciner sûre-
ment ce préjugé de l'inégalité des deux sexes dont
Condorcet nous a tracé les funestes conséquences?

Mais préparons d'abord nos lois en réformant nos
mœurs, et l'égalité dans le mariage s'imposera. Surtout
n'oublions pas que le mariage a pour fondement l'a-
mour et le devoir. Cette union de l'amour et du devoir
est elle-même soumise à une condition c'est que nous
sachions quel rôle la femme est appelée à jouer dans
notre existence, c'est que nous lui reconnaissions une
âme égale à la nôtre et qu'à cette âme nous rendions
l'exercice et la jouissance de ses droits.

A ce prix seulement, la femme, partageant avec son
mari la même vie intellectuelle et morale, participant avec lui au gouvernement domestique deviendra
sa véritable compagne et sera son alliée sur terre.
Enfin si la mort frappe son époux, la femme, grande
et forte, ayant l'expérience de la vie, saura faire de
ses enfants des hommes.

En ce temps de toutes les luttes et de tous les
efforts, où les hommes du passé s'agitent dans les
convulsions du désespoir et de l'agonie, au milieu

du courant qui les entraîne ou les submerge, il est bon d'affirmer sa foi, son espérance, il est bon d'entrer dans la mêlée en déployant son drapeau; sur le nôtre on lit ces mots : émancipation de la femme.

« Réformez la loi civile, traitez la femme en égale de l'homme; elle a des devoirs égaux, donnez-lui des droits égaux : du même coup vous aurez épuré les mœurs, fondé la liberté, relevé la France. » (Alfred Assolant : *Du droit des femmes*. Préface.) »

POSITIONS

~~~~~~~~~~~~~~

Droit Romain.

1° Les enfants issus du concubinat ne confèrent pas au père naturel le *jus liberorum*.

2° La *mutatio familiæ* est le caractère distinctif de la *minima capitis deminutio*.

3. La *querela inofficiosi testamenti* est une pétition d'hérédité mélangée du caractère de l'action d'injure.

4° Le *correus promittendi* qui paie ou qui est poursuivi peut exiger la cession des actions.

5° L'accession n'est pas un mode d'acquisition de la propriété.

6° La donation rémunératoire est une donation pure et simple qui tombe sous le coup de la règle prohibitive des donations entre époux.

Ancien Droit français

1° La réintégrande n'était pas une action possessoire.

2° L'origine des bénéfices doit être recherchée dans les concessions à précaire faites par l'Eglise.

3° L'édition glosée de la loi salique est la plus ancienne.

Droit Civil.

1° La donation à titre universel de biens présents et même la donation partage faites par les ascendants n'obligent point le donataire *ultra vires*.

2° Lorsque l'usufruitier ayant vendu des fruits sur pied meurt avant que l'acheteur les ait perçus, la vente reste valable.

3° La nullité du bail consenti contrairement à l'article 595 du code civil ne peut être opposée que par le nu-propriétaire.

4° Le débiteur qui a payé une dette éteinte par la compensation peut user à l'égard du créancier qu'il désintéresse soit de l'action née du contrat intervenu entre lui et le créancier qu'il a payé, soit de la *condictio indebiti.*

5° L'article 1094 détermine entre les époux une qualité disponible spéciale, toujours invariable.

6° L'action et l'exception de garantie, en matière de vente sont parfaitement divisibles.

Procédure Civile.

1° Le français qui est devenu créancier d'un étranger par voie de cession a le droit de citer son débiteur devant les tribunaux de France sans qu'il y ait à distinguer si la créance est civile ou commerciale.

2° La règle de l'art. 14 (c. civil) en vertu de laquelle un étranger même non résidant en France peut être cité devant les tribunaux français pour l'exécution des obligations par lui contractées envers un français s'applique même à l'état étranger.

3° L'appel interjeté par l'un des codébiteurs solidaires profite à tous.

4° Le défaut de transcription du jugement d'adjudication sur saisie immobilière ne fait aucun obstacle à la purge d'hypothèques des créanciers régulièrement sommés, en vertu de l'art. 692 du c. de pr.

Droit Commercial.

1° La lettre de change peut être endossée après l'échéance.

2° Si le tireur tombe en faillite, la créance qu'il a contre le tiré appartient au porteur.

3° Les artistes dramatiques ne sont pas justiciables des tribunaux de commerce, à raison de leurs engagements.

Droit Criminel

1° En cas de condamnation par contumace, la cour d'assises ne peut pas accorder de circonstances atténuantes.

2° L'individu qui fracture une caisse dans l'intention d'en voler le contenu alors qu'elle était vide, ne peut-être poursuivi comme coupable de tentative de vol.

3° La question de discernement, lorsque l'accusé est âgé de moins de 16 ans doit être posée en toute matière.

Droit Administratif

1° Le régime de la taxe en matière de boulangerie n'est une bonne institution ni pour le producteur ni pour le consommateur.

2° Le testateur qui veut organiser une fondation charitable a le droit de nommer lui-même les administrateurs de cette fondation.

3° Celui dont la propriété a été comprise à tort dans le domaine public par un arrêté de délimitation peut attaquer cet arrêté devant le Conseil d'Etat. S'adresser à l'autorité judiciaire pour demander une indemnité.

4° Le chemin rural fait partie du domaine privé de la commune.

Droit International

1° Un Etat doit refuser l'extradition lorsque la prescription est accomplie d'après sa propre loi.

2° L'étranger qui vient habiter la France et y fixer le siége de ses affaires, y acquiert, indépendamment de toute autorisation, un véritable domicile.

3° Un Etat viole la neutralité lorsqu'il tolère dans ses ports la construction d'un navire de guerre pour le compte d'un belligérant.

Economie Politique

1° Les sociétés coopératives doivent être encouragées parce qu'elles offrent l'avantage de permettre aux sociétaires de faire par eux-mêmes leurs affaires sans recourir à des intermédiaires coûteux.

2° Le système protectionniste doit être repoussé comme portant atteinte à la prospérité nationale et à l'intérêt des citoyens.

3º Il faut préférer l'unité de l'étalon, en matière de monnaie, à la dualité.

Vu par le Président de la Thèse,
HENRI ROZY.

Vu par le Doyen, le 22 mai 1880,
HENRY BONFILS,

Vu et permis d'imprimer, Toulouse, le 22 mai 1880.

Le Recteur,
C. CHAPPUIS.

Cette thèse sera soutenue en séance publique, le 15 juillet 1880, dans une des salles de la Faculté de droit de Toulouse.

TABLE DES MATIÈRES